受浙江大学文科高水平学术著作出版基金资助

"十三五"国家重点出版物出版规划

大国大转型

中国经济转型与创新发展丛书

中国（海南）改革发展研究院组织编著

开 放

教育强国的战略支撑

OPENNESS:
THE
STRATEGIC
SUPPORT
TOWARD
A
POWERFUL
NATION
OF
EDUCATION

熊建辉◎著

ZHEJIANG UNIVERSITY PRESS

浙江大学出版社

总　序

"十四五"：以高水平开放形成改革发展新布局

迟福林

当今世界正处于百年未有之大变局。经过 40 多年的改革开放，中国与世界的关系发生历史性变化。作为新型开放大国，中国如何看世界、如何与世界融合发展？处于调整变化的世界，如何看中国、如何共建开放型经济体系？这是国内外普遍关注的重大问题。作为经济转型大国，我国既迎来重要的战略机遇，也面临着前所未有的挑战。"十四五"时期，我国经济正处于转型变革的关键时期，经济转型升级仍有较大空间，并蕴藏着巨大的增长潜力，我国仍处于重要战略机遇期。

在这个大背景下，推进高水平开放成为牵动和影响"十四五"改革发展的关键因素。面对百年未有之大变局，中国以高水平开放推动形成改革发展新布局，不仅对自身中长期发展有重大影响，而且将给世界经济增长和经济全球化进程带来重大利好。未来 5—10 年，中国以更高水平的开放引导国内全面深化改革将成为突出亮点。

以制度型开放形成深化市场化改革的新动力。在内外环境明显变化的背景下，开放成为牵动和影响全局的关键因素，开放与改革直接融合、开放引导改革、开放是最大改革的时代特征十分突出。

"十四五"时期，适应经济全球化大趋势和我国全方位开放新要求，需要把握住推进高水平开放的重要机遇，以制度型开放加快市场化改革，并在国内国际基本经贸规则的对接融合中优化制度性、结构性安排。由此产生全面深化改革的新动力，推进深层次的体制机制变革，建立高标准的市场经济体制，进一步提升我国经济的国际竞争力。

以高水平开放促进经济转型升级。习近平主席在首届中国国际进口博览会开幕式上发表讲话指出"过去40年中国经济发展是在开放条件下取得的，未来中国经济实现高质量发展也必须在更加开放条件下进行"。从经济转型升级蕴藏着的内需潜力看，未来五年，我国保持6%左右的经济增长率仍有条件、有可能。有效释放巨大的内需潜力，关键是推动扩大开放与经济转型升级直接融合，并且在这个融合中不断激发市场活力和增长潜力。由此，不仅将为我国高质量发展奠定重要基础，而且将对全球经济增长产生重要影响。

以高水平开放为主线布局"十四五"。无论内外部的发展环境如何变化，"十四五"时期，只要我们把握主动、扩大开放，坚持"开放的大门越开越大"，坚持在开放中完善自身体制机制，就能在适应经济全球化新形势中有效应对各类风险挑战，就能化"危"为"机"，实现由大国向强国的转变。这就需要适应全球经贸规则由"边境上开放"向"边境后开放"大趋势，优化制度性、结构性安排，促进高水平开放，对标国际规则，建立并完善以公开市场、公平竞争为主要标志的开放型经济体系。由此，不仅将推动我国逐步由全球经贸规则制定的参与国向主导国转变，而且将在维护经济全球化大局、反对单边主义与贸易保护主义中赢得更大主动。

　　2015年,中国(海南)改革发展研究院与浙江大学出版社联合策划出版"大国大转型——中国经济转型与创新发展丛书",在社会各界中产生了积极反响,也通过国际出版合作"走出去"进一步提升了国际影响力。今年,在新的形势和背景下,在丛书第一辑的基础上,又集结各位专家的研究力量,围绕"十四五"以及更长时期内我国经济转型面临的重大问题继续深入研究分析,提出政策思路和解决之道。

　　在原有基础上,丛书第二辑吸纳了各个领域一批知名专家学者,使得丛书的选题视角进一步丰富提升。作为丛书编委会主任,对丛书出版付出艰辛努力的学术顾问、编委会成员、各位作者,对浙江大学出版社的编辑团队表示衷心的感谢!

　　本套丛书涵盖多个领域,仅代表作者本人的学术研究观点。丛书不追求学术观点的一致性,欢迎读者朋友批评指正!

2019 年 11 月

前　　言

习近平总书记在 2018 年全国教育大会上指出，教育是国之大计、党之大计。中国特色社会主义进入新时代，教育的基础性、先导性、全局性地位和作用更加凸显。党的十八大以来，党中央高度重视教育工作，加强对教育工作的全面领导，成立中央教育工作领导小组，召开全国教育大会，印发《中国教育现代化 2035》及覆盖各级各类教育的纲领性文件，深入推进教育领域综合改革，积极构建德智体美劳全面培养的教育体系、服务全民终身学习的教育体系、与社会主义现代化强国目标相适应的教育体系，推动教育整体进入普及化阶段，国家教育面貌正在发生格局性变化，14 亿多中国人民有机会通过教育和学习实现完善自身、改变命运、创造美好生活的向往，中华民族伟大复兴正持续获得源源不断的人才和智力支撑。特别是党的十九大报告，将教育视为中华民族伟大复兴的基础工程，提出加快教育现代化、建设教育强国、办好人民满意教育的战略目标，吹响了建设教育强国的号角，百年教育强国梦迎来了承前启后的历史性时刻，中国由教育大国迈向教育强国的新征程全面开启。当前，在以习近平同志为核心的党中央坚强领导下，我国正朝着中国特色、世界水平的现代教育方向阔步迈进。

建设教育强国，需要围绕实现社会主义现代化强国的总体目标进行擘画，需要治理体系和治理能力的现代化奠基，也需要教育信息化和教育国际化的战略支撑。其中，坚持打开国门搞建设，毫不动摇地推进全面对外开放的开放发展理念，是新时代党的治国理政思想的重要内容，是习近平新时代中国特色社会主义思想的重要内容。教育对外开放是国家开放事业的重要组成部分，肩负着培养高水平国际化人才、促进中外人文交流和民心相通、服务社会主义现代化建设的重要使命。以开放强国、以开放建教育强国这一战略支撑，便成为建设教育强国的重大战略任务之一。

习近平总书记在2018年中央外事工作会议上强调，把握国际形势要树立正确的历史观、大局观、角色观。所谓正确历史观，就是不仅要看现在国际形势什么样，而且要端起历史望远镜回顾过去、总结历史规律，展望未来、把握历史前进大势。所谓正确大局观，就是不仅要看到现象和细节怎么样，而且要把握本质和全局，抓住主要矛盾和矛盾的主要方面，避免在林林总总、纷纭多变的国际乱象中迷失方向、舍本逐末。所谓正确角色观，就是不仅要冷静分析各种国际现象，而且要把自己摆进去，在我国同世界的关系中看问题，弄清楚在世界格局演变中我国的地位和作用，科学制定我国对外方针政策。这一论述为研究开放这一建设教育强国的战略支撑、做好新时代教育对外开放工作，提供了遵循，指明了方向。

《开放：教育强国的战略支撑》一书，就是按照习近平总书记关于历史观、大局观、角色观的论述，试图从开放发展的视角，展示中国这一世界上人口最多的国家如何以开放建教育强国的战略思考。这一思考尽可能基于历史、现状、成绩、经验、问题、趋势等多个视角，从纵向和横向、整体和领域等多个维度，既呈现关于从教育大国迈向教育强国征途中教育对外交流与合作之路演进脉络的分析，也突出对教育对外开放宏观政策意图的诠释，还加入研究者对教育国际化发展战略与创新路径问题的演绎，从而勾勒出面向2035年的中国教育对外开放的宏观走向和政策要点。这是一次对新时代教育开放发展战略与创新路径课题所进行的集理论、政策和实践，融历史、当下与未来为一体的学术性研究探索，力图从学理上深刻认识新时代教育对外开放的战略意义，从顶层设计与创新实践上以开放促改革、促发展、促创新，提升教育国际化水平，加快实现教育现代化，建设教育强国，办好人民满意的教育。

具体说来，全书以习近平新时代中国特色社会主义思想，特别是习近平总书记关于教育对外开放的重要论述精神为指导思想，详尽透视了中国教育对外开放发展战略与创新路径。除了前言交代全书的写作背景、研究价值、内容框架等情况外，全书大致分为四个部分，共十一章。

第一部分为总览全局篇，对应全书第一章导论的内容，提出"开放是教育强国的战略支撑"这一时代命题，分别从面向 2035 中国教育对外开放的历史使命、面向 2035 中国教育对外开放的总体方略、面向 2035 中国教育对外开放的实施路径这三个维度展开分析，呈现研究者对面向 2035 中国教育对外开放发展战略与创新路径的总体思考，是开放作为建设教育强国战略支撑的愿景目标及其实施策略的总体构想。我们认为，贯彻落实《中国教育现代化 2035》，教育战线特别是教育国际交流与合作领域的当务之急，是做好加快和扩大新时代教育对外开放的顶层设计与行动方案，明确使命、优化布局、做强教育、提升质量、完善治理、谋求贡献，以更好地服务党和国家工作大局，更好地服务教育现代化和国家现代化，更好地服务经济社会发展全局和中华民族伟大复兴大局，更好地应对百年未有之大变局、服务中国特色大国外交、推进共建"一带一路"和建设人类命运共同体。

第二部分为源流回溯篇，涵盖第二章、第三章和第四章的内容。其中，第二章基于习近平总书记提出的"推进教育现代化，要坚持对外开放不动摇，加强同世界各国的互容、互鉴、互通"讲话精神，从在开基创业和艰难曲折中奠定新基础、在改革开放和面向世界中开创新时期、在转型升级和提质增效中进入新时代这三个阶段回顾总结了新中国成立 70 多年来的教育国际交流与合作之路。第三章基于从学习跟跑到并跑领跑、从仰视到平视的中心理念,将改革开放40多年来中国教育对外开放之路分为从学习跟跑中起步,进入扩大发展阶段,迈入主动谋划、持续发力快速发展阶段,步入提质增效、迈向领跑的新时代这四个阶段。第四章聚焦党的十八大以后的五年,从顶层设计与落地举措引领转型升级,追求更高水平、更可持续的对外开放,构建"一带一路"教育共同体,构建人类命运共同体的引领作用更加凸显这四个方面梳理新时代教育对外开放新格局擘画之路。

第三部分为专题透视篇,分别选取高等教育国际化、职业教育国际化和中外合作办学三个领域,透视以开放促改革、促发展、促创新的具体领域,即全书的第五章、第六章和第七章的内容。其中,第五章聚焦高等教育国际化主题,从历史、研究和案例等维度透视中国高等教育国际化。第六章聚焦职业教育国际化主题,从职业教育国际化政策演进、发展形势、发展战略和创新路径透视中国职业教育国际化。第七章基于习近平总书记提出的"要聚焦世界科技前沿和国内薄弱、空白、紧缺学科专业,同世界一流资源开展高水平合作办学,把高质量、符合需要的引进来"这一论述,聚焦中外合作办学这一"不出国门的留学"主题,首先对中外合作办学发展总体情况进行了概述,其次对中外合作办学发展演进历程进行了详细回顾,并在此基础上进一步提炼总结中外合作办学发展取得的重要成就和宝贵经验,最后对中外合作办学未来发展进行展望。

第四部分为谋划未来篇,对应书中第八章、第九章、第十章和第十一章的内容,从问题导向出发,基于前述章节内容研究的基础,对新时代中国教育对外开放新进展、新环境、新形势与新路径展开研究,从内外部宏观发展环境梳理了当前中国推进教育对外开放战略的宏观形势与政策走向,提出了面向未来的发展思路和重点方向。第八章提出谋划"十四五"时期中国教育改革发展的三个基点,即经济社会发展新特征这一依据点、国际教育发展新趋势这一参考点、教育发展新挑战新需求这一关键点。第九章通过教育对外开放思想引领能力显著增强、教育对外开放顶层设计能力显著增强、教育对外开放服务国家战略人才培养能力显著增强、教育对外开放服务推进共建"一带一路"能力显著增强、教育对外开放服务做强中国教育能力显著增强、教育对外开放服务中国特色大国外交能力显著增强、教育对外开放服务人民美好生活向往能力显著增强、教育对外开放服务全球教育治理能力显著增强、教育对外开放服务战略决策咨询能力显著增强这九个"能力显著增强"支撑"中国教育对外开放站在新的历史起点"这一观点。第十章透过新时代教育对外开放面临的外部形势和内部形势的分析,以"成长的烦恼"描述中国教育对外开放面临的新形势。第十一章基于全书的思考,提出新时代中国教育对外开放的八大新战略,包括以习近平新时代中国特色社会主义思想统领教育对外开放事业发展;坚持对外开放基本国策毫不动摇,更好服务党和国家工作大局;打造"四点一线一面"全面教育对外开放新布局;形成新时代"一体两翼"全面教育对外开放新格局;聚焦高水平国际化人才培养,重点培养国家战略急需"五类人才";突出优先和重点领域,在扎根中国大地基础上做强各级各类教育;肩负为人类谋进步使命,主动参与、推动和引领全球教育治理变革;强化教育对外开放条件保障,切实为建设教育强国提供战略支撑。

我们认为,作为教育强国战略支撑的教育对外开放,前景广阔,潜力无限,大有可为。教育战线特别是从事教育国际交流与合作的决策者、管理者和实践者,要胸怀两个大局,心怀"国之大者",主动增强历史责任感和使命感,积极开创教育对外开放新格局,将"大有可为"的满腔热忱转化为"大有作为"的实干行动。

需要指出的是,问题导向、智库思维是研究者在撰写本书时始终坚持的原则。书中从开放视角聚焦新时代中国教育战略转型的重大问题——面向2035的教育强国战略进行宏观层面的专题研究分析,紧紧围绕新时代教育对外开放需要回答好的"如何更好服务加快教育现代化、建设教育强国""如何更好服务人民满意的教育""如何更好服务中国特色大国外交"等时代之问，尝试提出政策思路和解决问题之道，探讨未来五年乃至中长期中国立足新发展阶段、贯彻新发展理念、构建新发展格局、促进高水平开放、迈向教育强国的可能路径。本书围绕"开放：教育强国的战略支撑"这一战略主题，以"摆出问题—分析问题—解决思路"的框架展开，其中重点放在"解决思路"部分，尽可能给出以开放建教育强国的行动思路、方案设想与路线图。

与此同时，以开放建教育强国，同样需要回答好习近平总书记提出的"培养什么人""怎样培养人""为谁培养人"等问题。换言之，教育对外开放同样需要在坚定中国特色社会主义教育发展道路和马克思主义方向中回答好"为谁培养人"的问题，即办好中国特色的社会主义教育，必须坚持教育为人民服务、为中国共产党治国理政服务、为巩固和发展中国特色社会主义制度服务、为改革开放和社会主义现代化建设服务。这"四个服务"揭示了我国教育的办学目标和初心使命，为坚持社会主义办学方向、办好中国特色社会主义教育提供了根本遵循，也为加快和扩大新时代教育对外开放提供了根本遵循；同样需要在坚持立德树人根本任务中科学回答"培养什么人"的问题，其核心是为党育人、为国育才，这关系党的事业后继有人，关系国家的前途命运；同样需要在坚持德智体美劳"五育"并举、全面培养中科学回答"怎样培养人"的问题，回答好"教什么""学什么"和"怎么教""怎么学"，尤其要强化课堂教学这一主阵地；同样需要在坚持"四有好老师"标准中科学回答"由谁来培养人"的问题，这就要求始终把高水平、专业化、复合型教师队伍建设作为基础工作；同样需要在坚持扎根中国大地、以我为主、兼收并蓄、突破关键发展瓶颈中科学回答"如何深化培养人的体制机制改革"的问题，以开放促改革促发展促创新是其中重要举措；同样需要在加强党对教育工作的全面领导中科学回答"如何确保培养人的工作落到实处"的问题，办好中国特色、世界水平的现代教育是全党全社会的共同责任,要动员全党全社会、各部门各方面力量共同办好,统筹利用各类社会资源,构建学校、家庭、社会"三位一体"的协同育人格局,也要放眼世界,将教育视为全球共同利益,将世界作为自己的课堂,把全世界最优质教育资源为我建设教育强国所用。如何在加快和扩大教育对外开放工作中回答好上述问题,这是研究者未来需要进一步思考的问题。

　　本书付梓之际,笔者衷心感谢周南照、王斌华两位导师将笔者带进国际与比较教育这一始终令我痴迷的研究领域;感谢国家教育发展研究中心领导及同事们的鼓励和支持,特别是将"新时代教育国际化发展战略与创新路径研究"纳入中央科研单位财政公益基金个人能力建设课题;感谢教育部相关业务司局,让我有机会参与《中国教育现代化2035》《关于做好新时期教育对外开放工作的若干意见》《关于加强和改进中外人文交流工作的若干意见》《推进共建"一带一路"教育行动》《加快和扩大新时代教育对外开放的意见》等文件的调研、起草和解读工作;感谢各委托单位,让我有幸参与或承担"习近平总书记关于教育对外开放的重要论述研究""习近平总书记关于中外人文交流的重要论述研究""推进共建'一带一路'教育行动研究""加强与欧亚地区教育交流与合作的对策研究""'十四五'国际教育重大问题研究"等项目;感谢教育部国际交流与合作司、中国联合国教科文组织全国委员会秘书处、中国教育国际交流协会、国家留学基金管理委员会、教育部留学服务中心、教育部中外人文交流中心等部内单位多年给我提供的宝贵学习锻炼机会;感谢北京大学、北京理工大学、华东师范大学、上海外国语大学、西北大学、南方科技大学、江西财经大学等高校,北京、上海、江西、云南、深圳、青岛、成都等多个地方教育行政部门,北京教育科学研究院、上海教育科学研究院、广东教育研究院、深圳教育科学研究院、成都教育科学研究院等给予我调研学习的机会;感谢《神州学人》《中国高等教育》《中国职业技术教育》

等学术期刊和《光明日报》《学习时报》《中国日报》《中国教育报》等官方媒体主动邀约，让我有机会将想法转化为铅字；感谢在本书撰写过程中国际教育研究共同体中的每一位成员所付出的辛勤劳动和积极贡献，蔡进宝、朱泽浩老师参与了高等教育国际化部分的分析研究；李小娃老师参与了高等教育国际化40多年的深度研究，陈慧荣、姜蓓佳博士参与了改革开放40多年中外合作办学之路的合作研究；袁勇、高瑜、王振等老师参与了新时代职业教育国际化发展战略与创新路径课题的研究；马陆亭、安雪慧、张伟参与了"十四五"中国教育改革与发展战略问题的研究。与此同时，马陆亭牵头，安雪慧、张伟和我本人参与的"十四五"中国教育改革与发展战略问题研究，为本书第十章内容提供了素材来源。最后，笔者衷心感谢浙江大学出版社为本书提供的出版机会，特别是本书策划人、责任编辑和校对老师为本书出版所付出的特殊辛劳。

　　由于教育对外开放研究涉及面广、理论难度大、政策性强，研究的成果只能是初步的，不足之处在所难免，有些问题的研究还需要继续努力并深入下去。恳请各位读者批评指正。

熊建辉

2021 年 3 月于北京

目　　录

第一章　导论:面向 2035 中国教育对外开放

　　1983 年,邓小平同志给北京景山学校师生题词——"教育要面向现代化,面向世界,面向未来",这"三个面向"树立了中国改革开放新时期教育现代化的前行航标,成为中国特色社会主义新时期教育改革的指导方针。其中,教育对外开放逐渐成为中国现代化和教育现代化的必由之路,成为推动科教兴国的重大举措。2018 年,进入新时代后的首次全国教育大会召开,会后印发的新中国成立以来首个以教育现代化为主题的中长期战略规划——《中国教育现代化 2035》及其配套文件《加快推进教育现代化实施方案(2018—2022 年)》,构筑了面向 2035 年实现教育现代化、建设教育强国、办好人民满意的教育的宏伟蓝图和前进方向。教育对外开放,再一次成为教育现代化和国家现代化的重要支撑,成为建设教育强国的战略支撑。[①]

一、面向 2035 中国教育对外开放的历史使命

　　对外开放是中国现代化的基本国策,也是教育现代化的基本特征。经过新中国成立 70 多年来,特别是改革开放 40 多年来的不懈努力,我国已

[①]　熊建辉.面向 2035 中国教育对外开放方略[J].神州学人,2019(4):10-15.

基本形成全方位、多层次、宽领域、立体化的教育对外开放总体格局,在学习借鉴国外先进知识、技术和经验,培养高水平优秀人才,引进国外优质教育资源,促进教育事业改革发展,服务社会主义现代化建设,支撑改革开放基本国策和整体外交事业发展,促进中外人文交流等方面取得重大成就,大大提升了中国教育国际影响力和国家软实力,为新时代建设教育强国、助力建设社会主义现代化强国奠定了扎实的基础。

加快扩大教育对外开放是新时代中国实现教育现代化和国家现代化的重要支撑,同时也是建设教育强国的战略支撑和建设社会主义现代化强国的重要支撑。党的十九大作出了优先发展教育事业、加快教育现代化、建设教育强国的战略部署。党中央、国务院进入新时代后召开的首次全国教育大会亦对教育强国战略进行了专门部署。《中国教育现代化2035》则确立了在全面建成小康社会基础上下一阶段的奋斗目标,即再经过15年努力,到2035年,总体实现教育现代化,迈入教育强国行列,推动中国成为学习大国、人力资源强国和人才强国,为到21世纪中叶建成富强民主文明和谐美丽的社会主义现代化强国奠定坚实基础。①

面向2035的中国教育对外开放,要以习近平新时代中国特色社会主义思想为统领,立足新发展阶段,贯彻新发展理念,构建新发展格局,促进高质量发展,既要着眼长远,锚定2035年基本社会主义现代化和2049年全面建成社会主义现代化强国目标,按照《中国教育现代化2035》的顶层设计,开创高水平的教育对外开放新格局;也要立足当下,围绕加快推进教育现代化的第一个五年行动方案,推进共建"一带一路"教育行动。

教育对外开放要围绕2035年教育现代化的施工蓝图和宏大愿景,做强各级各类教育,更好地服务支撑教育现代化和国家现代化,更好地服务支撑教育强国和学习大国建设。因此,面向2035的中国教育对外开放,要

---

① 新华社.绘就新时代加快推进教育现代化建设教育强国的宏伟蓝图——教育部负责人就《中国教育现代化2035》和《加快推进教育现代化实施方案(2018—2022)》答记者问[EB/OL]. 2019-02-23. [2020-08-14]. http://www. moe. gov. cn/jyb_xwfb/s271/201902/t20190223_370865. html.

紧紧围绕统筹推进"五位一体"总体布局和协调推进"四个全面"战略布局，在建设社会主义现代化强国进程中，积极找准定位，做到精准发力，主动谋求贡献。要精准锁定强国目标，为整体强国战略和各项强国目标的实现做出积极贡献。党的十九大报告中提出的作为 21 世纪中叶建成社会主义现代化强国的国家层面支撑的 18 项强国或国家目标任务[1]，即教育强国、人才强国、制造强国、科技强国、质量强国、航天强国、网络强国、交通强国、海洋强国、贸易强国、文化强国、体育强国、平安中国、美丽中国、数字中国、健康中国、智慧社会、学习大国，覆盖了社会主义现代化建设各个领域，呈现出教育强国与其他强国战略相互支持、协同推进的格局，到 2035 年，教育强国战略有望率先取得突破性进展。

因此，作为强国建设重要支撑的教育对外开放，前景广阔，潜力无限，大有可为。我们要主动增强历史责任感和使命感，开创教育对外开放新格局，将"大有可为"转变为"大有作为"。面向 2035 教育强国目标，贯彻落实《中国教育现代化 2035》的当务之急，是要做好扩大和加快教育对外开放的顶层设计与行动方案，明确使命、优化布局、做强教育、提升质量、完善治理、谋求贡献，更好地服务支撑党和国家工作大局，更好地服务支撑教育现代化和国家现代化，更好地服务支撑经济社会发展全局和中华民族伟大复兴，更好地服务支撑中国特色大国外交、推进"一带一路"建设和构筑人类命运共同体。

二、面向 2035 中国教育对外开放的总体方略

立足新发展阶段，贯彻新发展理念，构建新发展格局，促进高质量发展，是新时代加快和扩大高水平教育对外开放的内在要求。2018 年 9 月

---

① 习近平.决胜全面建成小康社会 夺取新时代中国特色社会主义伟大胜利——在中国共产党第十九次全国代表大会上的报告[N].人民日报,2017-10-28(1).

10日，习近平总书记在全国教育大会上指出，要坚持对外开放不动摇，加强同世界各国的互容、互鉴、互通；要聚焦世界科技前沿和国内薄弱、空白、紧缺学科专业，同世界一流资源开展高水平合作办学，把质量高、符合需要的引进来；要打造更具国际竞争力的留学教育，将我国建成全球主要留学中心和世界杰出青年向往的留学目的地，吸引海外顶尖人才来华留学，培养未来全球精英；要增强教育服务国家外交的能力，通过教育交流合作，继续办好全球孔子学院、孔子课堂，让全球几千万汉语学习者、几十万来华留学生成为中国的好朋友；要大力培养掌握党和国家方针政策、具有全球视野、通晓国际规则、熟练运用外语、精通中外谈判和沟通的国际化人才，有针对性地培养"一带一路"倡议等急需的懂外语的各类专业技术和管理人才，有计划地培养选拔优秀人才到国际组织任职；要加快建设中国特色海外国际学校，解决各类驻外机构、海外中资机构工作人员，以及赴海外经商、务工人员随居子女在国外接受汉语教育问题，同时为海外华侨华人子女学习中文、学习中国历史文化提供便利。① 这一"六要"论述，连同党的十八大以来习近平总书记关于教育对外开放的重要论述，为做好新时代教育对外开放指明了前进方向。

面向2035的中国教育对外开放，要着眼长远，聚焦《中国教育现代化2035》中有关教育对外开放的战略任务，以"1＋13＋X"的方式呈现。其中，"1"是总体要求，即十大战略任务之九的"开创教育对外开放新格局"。"13"是子任务，包括：全面提升国际交流合作水平，推动我国同其他国家学历学位互认、标准互通、经验互鉴；扎实推进"一带一路"教育行动；加强与联合国教科文组织等国际组织和多边组织的合作；提升中外合作办学质量；优化出国留学服务；实施留学中国计划，建立并完善来华留学教育质量保障机制，全面提升来华留学质量；推进中外高级别人文交流机制建设，拓展人文交流领域，促进中外民心相通和文明交流互鉴；促进孔子学院和孔

---

① 习近平.论坚持全面深化改革[M].北京：中央文献出版社，2018：475-476.

子课堂特色发展;加快建设中国特色海外国际学校;鼓励有条件的职业院校在海外建设"鲁班工坊";积极参与全球教育治理,深度参与国际教育规则、标准、评价体系的研究制定;推进与国际组织及专业机构的教育交流合作;健全对外教育援助机制①。"X"是在第九项战略任务以外教育国际化服务支撑教育现代化和国家现代化的具体任务要求,在其他战略任务及战略背景、总体思路、实施路径、保障措施等部分有直接或间接体现。

面向 2035 的中国教育对外开放,要立足当前,贯彻落实《加快推进教育现代化实施方案(2018—2022 年)》(以下简称《实施方案》)中有关教育对外开放的重点任务,争取在本届政府任期内开好局,取得实质性突破。在《实施方案》提出的推进教育现代化的十项重点任务中,教育国际化以"1+5+X"的方式呈现。其中,"1"是十项重点任务之九,即推进共建"一带一路"教育行动。"5"是子任务,包括:加快培养高层次国际化人才,完善留学生回国创业就业政策,提高中外合作办学质量,完善中外合作办学准入和退出机制;加强与共建"一带一路"国家教育合作,建设"一带一路"教育资源信息服务综合平台,建立国际科教合作交流平台,实施高等学校科技创新服务"一带一路"倡议行动计划;深化与共建"一带一路"沿线国家人文交流,大力支持中外民间交流,加强中外体育艺术等人文交流;优化孔子学院区域布局,加强孔子学院能力建设,全面提高办学水平;加大汉语国际教育工作力度②。此外,多项具体任务举措直接或间接体现在其他重点任务之中,同时其外延拓展到总体要求和保障措施当中,可以称之为"X"。

"1+13+X"的战略任务部署和"1+5+X"的重点任务要求,构成了中国教育国际化 2035 的顶层设计和第一个五年行动方案的要点,也是中国教育对外开放 2035 的基本方略。

---

① 新华社.中共中央、国务院印发《中国教育现代化 2035》[N].人民日报,2019-02-24(1).
② 新华社.中办、国办印发《加快推进教育现代化实施方案(2018—2022 年)》[N].人民日报,2019-02-24(1).

三、面向 2035 中国教育对外开放的实施路径

(一)优化教育对外开放对内布局

进入新时代,优化教育对外开放布局成为中国教育对外开放 2035 需要思考的关键问题。从更好地服务支撑经济社会发展全局、国家全面对外开放和中国特色大国外交的战略高度出发,教育对外开放要重点服务支撑"四点一面"教育改革发展新格局。"四点"和"一面","四点"分别指河北雄安新区、粤港澳大湾区、长三角地区和海南自贸区,"一面"指中西部地区。① 要以优化对内布局为重点,通过"四点"牵引,建成四个全球教育高地和若干个区域性国际教育中心,为 2035 年建成教育强国、基本建成社会主义现代化强国做出积极贡献。

教育对外开放要在积极服务国家区域发展总体战略、完善部省战略合作制度、优化区域教育政策支持体系、推进区域教育现代化创新试验中主动谋求贡献,设计行动方案,坚持以开放促区域教育改革、发展和创新,提升区域教育国际化水平;发挥自贸区自贸港建设先行先试和"一线"国内节点省市深度开放优势,重点打造以"四点"为引领的教育对外开放新高地,建设国际教育示范区和国际教育创新岛,实现教育对外开放转型升级,辐射带动"一面"的教育对外开放。

积极围绕西部开发、东北振兴、中部崛起、东部率先的区域发展总体战略,形成因地制宜、特色发展的全面教育对外开放格局。② 加大对东北教

---

① 新华社.绘就新时代加快推进教育现代化建设教育强国的宏伟蓝图——教育部负责人就《中国教育现代化 2035》和《加快推进教育现代化实施方案(2018—2022)》答记者问[EB/OL]. 2019-02-23.[2020-08-14]. http://www. moe. gov. cn/jyb_xwfb/s271/201902/t20190223_370865. html.

② 中华人民共和国教育部.《国家教育事业发展"十三五"规划》学习辅导读本[M]. 北京:教育科学出版社,2017:45-46.

育支持力度,努力实现国际教育交流合作的新突破,助力推进新时代东北教育发展的新突破,走出具有东北特色的教育开放发展服务区域发展之路,增强服务东北全面振兴战略能力;加大政策倾斜力度,支持中部地区不断扩大教育对外开放的广度和深度;引导沿边地区利用地缘优势,推进与周边国家教育合作交流,形成区域性开放特色;支持东部地区整体提升教育对外开放水平,率先办出中国特色、世界水平的现代教育,不断提高中国教育的国际地位和国际影响力。[①]

(二)完善教育对外开放外部布局

从完善对外布局看,教育对外开放要以"一线"("一带一路"沿线)为重点,持续完善全方位、多层次、宽领域教育对外开放总体格局,聚力建成"一体两翼"教育对外开放新格局。"一体"是指构建"一带一路"教育共同体,从民心相通和人才培养等方面出发,助力与"一带一路"沿线及相关国家共同打造政治互信、经济融合、文化包容的利益共同体、命运共同体和责任共同体。要始终秉持合作共赢原则,在完成总体布局、取得良好开局、绘就"大写意"后要聚焦重点、打造范例、绘制好"工笔画",针对不同国家和地区特点提出差异化方案,逐渐形成相关国家和地区认同度较高的系列典型模式。发挥示范引领作用,扎实推进"一带一路"教育行动,确保在本届政府任期内取得阶段性和实质性进展,为将"一线"拓展为"一圈",到 2035 年建成国际教育强国和世界重要教育中心奠定扎实基础。

"两翼"是指深化国际教育合作,加强中外人文交流。从内涵和程度上深化国际教育合作"一翼"出发,全面加强与世界各国、地区和国际组织的教育务实合作,不断丰富开放内涵,提高开放质量和水平,提升中国教育国际竞争力和影响力。从广度和外延上加强中外人文交流"一翼"出发,要充

---

① 中华人民共和国教育部.《国家教育事业发展"十三五"规划》学习辅导读本[M].北京:教育科学出版社,2017:45-46.

分发挥高级别人文交流机制示范带动作用，加强与重点国家、重点区域人文交流，促进中外民心相通和文明互鉴；加强中外人文交流，打造一批具有中国特色、国际影响的人文交流品牌，大力支持中外民间交流，扩大足球、冰雪运动等青少年体育交流，推动建设一批"鲁班工坊"，强化中外智库交流，讲好中国故事；推动人文交流理念传播，加强国际理解教育，提升师生人文交流能力。加强中外体育、艺术等人文交流，向世界展示中国体育、艺术教育成果，引进国外优秀体育、艺术项目；优化孔子学院区域分布，加强孔子学院能力建设，全面提高办学水平；加大汉语国际教育工作力度，支持海外华文教育，为华侨等国外汉语学习者提供支持；加强汉语水平等级考试标准化建设，实施汉语国际推广名师计划，促进汉语国际学习和使用。[①]

(三)提升教育对外开放质量水平

提高出国留学人才培养质量。优化出国留学服务工作，健全留学人员信息化管理服务机制，完善留学人员管理服务体系。加强统筹规划，完善派遣政策，充分发挥国家公派留学对高端人才培养的调控补给作用。要瞄准国内战略急需、薄弱、空白和关键领域，发挥国家公派留学对高端人才培养的示范引领，加快培养国家战略急需的多语种人才、拔尖创新人才、国际组织人才和国别区域研究人才，特别是要加大国际组织人才培养和选送力度，实施国际组织人才培养计划。要不断优化留学人员回国创新创业，继续发挥好"春晖杯"中国留学人员创新创业大赛作用，为留学回国人员创新创业提供优质的全链条服务。[②]

实施"留学中国"计划升级版，打造"留学中国"质量品牌。完善来华留

---

① 新华社.绘就新时代加快推进教育现代化建设教育强国的宏伟蓝图——教育部负责人就《中国教育现代化2035》和《加快推进教育现代化实施方案（2018—2022）》答记者问[EB/OL].2019-02-23.[2020-08-14].http://www.moe.gov.cn/jyb_xwfb/s271/201902/t20190223_370865.html.

② 中华人民共和国教育部.《国家教育事业发展"十三五"规划》学习辅导读本[M].北京：教育科学出版社，2017：45-46.

学高质量政策法规体系建设,建立来华留学质量标准和保障体系,提高师资和课程的国际化水平,加强来华留学管理与监督,提升来华留学服务水平,稳步扩大来华留学规模。更好发挥中国政府奖学金的引领作用,创新奖学金管理模式,加强来华杰出人才培养。积极推进中外学生一体化管理服务,在教学、科学、社会服务和日常生活中培养高水平来华人才。做好来华留学校友和毕业生工作,切实加强全球校友联系,为扩大和巩固全球朋友圈和构建人类命运共同体发挥更大作用。

同世界一流资源开展高水平合作办学,在国家急需的前沿、薄弱、空白学科开展合作办学。[①] 严格落实中外合作办学党建工作要求。加快修订中外合作办学条例及其实施办法,研制出台覆盖来华办学法人机构、非法人机构、项目和国外大学境内办学管理办法,为加快建成一批高水平示范性中外合作办学机构和项目保驾护航。简化行政许可程序,进一步向地方和高校放权。

提升境外办学水平。加快完善境外办学指南,为境外办学提供法律保障、政策指导和必要的政策便利。积极发挥驻外使领馆、智库、协会、企业等在境外办学中的作用。支持高校自主、高效、有序赴境外办学。加快海外中国国际学校建设和国际中文教育,加快制定海外中国国际学校建设指导意见和实施指南,讲好中国教育故事。

(四)做强各级各类中国教育

深化院校交流合作。坚持"研究型"和"应用型"高校分类发展国际化策略,支持研究型大学与世界一流大学和学术机构开展高水平人才联合培养及科学联合攻关,依托优势学科举办高水平国际学术论坛,打造高端国际学术交流合作平台。支持职业学校和应用型高校引进国外高水平专家和优质课程资源,鼓励中外职业学校教师互派、学生互换。完善高校教师

---

① 习近平.论坚持全面深化改革[M].北京:中央文献出版社,2018:475-476.

和科研人员出国交流、国际会议、外事接待等管理制度，开展大中小学校长和骨干教师海外研修培训，鼓励支持教师更广泛更深入地参加国际学术交流与合作。

以"双一流"为示范引领，提升高校国际竞争力。努力提高学科建设、专业教师、科研成果的国际竞争力。重点建设一批国际合作研究与创新示范基地。加快高校国际联合实验室建设，提高参与国际领先实验室建设能力。支持高校与国外高水平大学、顶尖科研机构开展实质性学术交流和科研合作。推动高校参与并牵头组织国际大科学计划和大科学工程，提升国际竞争力和影响力。请进来与派出去并举，加强师资队伍建设，全面提升学校教师队伍和管理人员国际化水平。

建设更加开放畅通的职业教育国际合作平台和开放发展高地。加强与联合国教科文组织、欧盟、东盟等多边和区域国际组织及主要发达国家职业教育标准连通，探索职业教育学生国际实习、就业、深造等多元化渠道。设立海外高职院校管理人员和骨干教师培养培训项目，培养高水平国际化师资和管理队伍。支持开展中外职业教育实训基地交流合作，在"一带一路"沿线国家建设一批"鲁班工坊"，在非洲地区设立一批区域职业教育中心。支持职业教育"走出去"，探索与中国企业和产品相适应的海外发展模式。

推进基础教育阶段国际教育发展。在中小学深入开展国际理解教育，"于人之思想中"促进人文交流和文明互鉴。支持有条件的中小学校与国外学校建立友好学校关系，开展多渠道对外文化教育交流，拓宽国际视野。将国际理解教育纳入中小学课程，培养具有国际视野的德智体美劳全面发展的新时代青少年。鼓励中小学开设非通用语种教学班和兴趣班，加强法语、西班牙语、阿拉伯语、俄语、日语、德语等语种教学。增强中小学教师国际交往能力，拓宽国际视野。

推动形成教育的"中国标准"。在推动联合国教科文组织全球学历学位文凭互认框架落地、与有关国家和地区签署学历学位互认协议的基础上,进一步加快推进学历学位互认工作,深化中欧学分互认调优项目,让更多国家和地区认可中国教育特别是高等教育质量标准。加强与国际教育质量组织的合作,积极参与国际教育质量标准研究制定,让标准的进步为双方的合作交流提供新保障。适应疫情后教育国际化内涵和外延变革的新形势,提升在线和远程教育国际化水平,加强中国特色在线课程国际传播能力建设。建立中国特色国际课程开发推广体系,研究在线课程质量保障体系建设,引进优质国外在线优质课程与教学资源,积极提升虚拟教育国际化水平,通过"互联网＋""智能＋""云上交流"等方式推动教育教学和人才培养模式变革。加快非通用语种人才培养,实现世界各国官方语言专业设置和人才培养全覆盖。支持基础教育、职业教育和高等教育统筹利用国内外优质教育资源,开发具有中国特色和国际竞争优势的课程、教材和评价工具,建立中国特色国际课程推广平台,面向全球推介中国优质教育资源。不断扩大中文国际推广和传播,健全国际中文教育学科体系,实施国际中文推广名师计划。支持更多国家将中文纳入国民教育体系。完善国际中文推广机构与当地中文教育互动机制。积极发挥孔子学院作用,推动数字孔院发展,提升虚拟国际化时代国际中文教育传播能力。

提高教师队伍国际竞争力。实施高水平国际师资培养计划和中青年教师海外访学进修计划,支持教师国外访学、攻读学位,全面提升中青年教师学术研究能力和教育教学能力。进一步完善"影子教师""影子校长"等项目,在海外设立管理人员和教师培训实践基地,多种形式支持各级各类学校教师和校长参加海外培训,全面拓宽教师国际视野,提高教师教育教学能力;统筹调配师资,落实经费资源,制定质量标准,提升外籍教师服务管理水平,组建一支安全优质、友好有益、多元包容的外籍教师队伍;研究外籍教师资格论证体系,开发外籍教师专业标准,开展基于标准的教师资格认证,不断优化外籍教师在华居留和工作环境,提升中国师资国际化水平。

(五)积极参与全球教育治理

密切与国际组织的合作关系。推动实施联合国《2030 年可持续发展议程》教育目标,参与国际重要教育机制和重大教育行动,参与全球教育规则制定,逐步扩大国际教育公共产品供给。

深度参与国际教育规则、标准、评价体系的研究制定。结合全球教育发展热点,主动发起教育议题,通过与国际组织合作设立教育信托基金、奖项等,不断创新与国际组织的教育合作方式,推动全球教育发展。

推进与国际组织及专业机构的教育交流合作,支持创设新的国际组织,形成一批有重要影响力的国际机构。加强国际组织人才队伍建设,注重人员结构的系统布局;推动设立"中国国际志愿者协会"项目;吸引更多国际教育组织总部及专业机构落驻中国;创建"一带一路"沿线国家政府间教育合作组织;完善支持政策,鼓励教育领域优秀人才到国际组织任职服务,支持优秀青年师生参加国际服务和国际合作项目;加大国际职员后备人才培养力度,积极向国际组织派遣实习生和借调人员。

健全对外教育援助机制。加强国际教育开发援助的顶层设计和总体规划,丰富教育援外形式,提高援外资金使用效率,积极塑造正面国际形象。坚持"投资于人、援助于人、惠及于人"原则,开展优质教学仪器、整体教学方案、配套师资培训一体化援助。研究援外教师鼓励办法和支持政策。[①] 完善教育援外项目评估办法。

(六)完善教育对外开放体制机制

要加强组织领导。要以习近平总书记关于教育工作的重要论述和习近平外交思想为指引,积极贯彻落实新时代党的教育方针及中国特色大国

---

① 中华人民共和国教育部.《国家教育事业发展"十三五"规划》学习辅导读本[M].北京:教育科学出版社,2017:45-46.

外交方针,确保教育对外开放工作的正确方向。发挥各级党委在教育对外开放战略目标制定、人才培养、干部管理等工作中的领导作用,强化责任意识,把党的领导贯穿于教育对外开放全过程。加强和改进中外合作办学机构党建工作,加快培养一批政治坚定、视野开阔的优秀涉外办学管理人才。加强对党忠诚、内外兼通的高水平、国际化、专业化教育外事干部队伍建设。

要健全政策法律法规。启动研制涉外教育法或国际教育法工作,尽快纳入全面依法治国议事日程,用法治手段确保教育对外开放事业可持续健康发展。完善或出台涉外办学、国际学生教育服务管理办法、外籍人员子女学校管理办法、涉外教育培训课程管理办法、中外合作办学及境外高校在华独立办学管理办法等相关法规和政策,依法开展教育对外开放工作,切实保障学生、教师及涉外教育工作者的合法权益。

要确保投入,强化监督。保障教育对外开放经费投入,经费使用更多向支持人才培养倾斜,向提高人才队伍水平倾斜。探索出台国际学术合作激励政策和支持政策,激发学校教师和科研院所人员积极性,推动教学科研人员深入开展国际交流合作。建立健全新时代教育对外开放高质量发展评价体系和督导评估制度,建立一支稳定的涉外教育督导专家队伍,定期开展涉外教育专项评估。健全规划实施年度监测、中期评估制度,完善考核机制和问责制度。

要加强智库支撑。加强智力支撑,充分发挥高校、科研院所等智库建言献策、前瞻谋划作用,研究并发布中国国际教育年度发展报告。重点面向"一带一路"沿线国家布局,试点推进国际教育学科建设,进一步加强国别、区域及国际组织研究机构建设,壮大专业研究队伍,实现国别区域研究全覆盖,尽快设立新时代教育对外开放专家委员会,完善制度保障,设立覆盖教育、外交、公安、国际合作等多部门协作联动的部际工作协商研判机制。适时设立中外人文交流专家委员会,为中外人文交流提供高水平决策咨询,研究并发布人文交流年度进展报告。依托高校、科研院所和智库等建立高水平中外人文交流国别研究中心和国际教育研究中心,为提高教育对外开放和中外人文交流政策、理论与实践研究水平提供有力支撑。

要重视对外宣传,维护安全利益。组织专家积极开展教育对外开放政策权威解读,做好舆论引导工作和公共理解传播,进一步统一思想、凝聚认识,以科学指导教育对外开放事业可持续健康发展。加强教育对外交流领域国际舆论传播能力建设,提升教育涉外领域具体舆情应对能力,充分发挥广大师生这一国际教育交流与合作的主体作用,引导网络民间力量,建立教育舆情数据库,深入开展境外教育舆情的分析研判。宣传教育对外开放典型案例,推广成功经验,营造良好的舆论氛围。建立教育对外开放大数据服务平台和管理信息系统,以信息化提升教育对外开放治理水平和实现治理能力现代化。切实维护我国教育主权和国家利益,加强外事纪律教育,建立舆情应对机制,完善管理规章制度,维护国家利益,维护广大师生合法权益。

总之,对外开放是中国的基本国策,毫不动摇坚持对外开放是面向2035的中国教育的战略方向,教育对外开放在建设现代化强国的征途中大有可为,可谓使命光荣、天地广阔、潜力无限。坚持以开放促改革促发展促创新,转型升级,提质增效,做强中国教育,支撑教育现代化和国家现代化,服务民族复兴,促进人类进步,是新时代中国教育对外开放事业的基本定位,也充分体现着中国教育对外开放战略的根本宗旨。只要我们扎实践行,就一定能把大有可为转化为大有作为,形成全面教育对外开放新格局,建成世界教育的重要中心和国际教育的主要高地,谱写教育对外开放的华彩新篇章。

第二章　互容·互鉴·互通:新中国教育国际交流与合作之路

新中国成立 70 多年来,教育国际交流与合作事业坚持互容、互鉴、互通,历经在开基创业和艰难曲折中奠定新基础、在改革开放和面向世界中开创新时期、在转型升级和提质增效中进入新时代三个发展阶段,取得了举世瞩目的辉煌成就。今天,一个全方位多层次宽领域、具有相当规模、总体适应社会主义现代化建设需要的教育国际交流与合作整体格局已经形成,有力支持了新中国 70 多年教育改革发展事业、社会主义现代化建设和中国对外交往事业。[①]

一、在开基创业和艰难曲折中奠定新基础

在以毛泽东同志为核心的党的第一代中央领导集体带领下,新中国教育国际交流与合作事业的奠基工程伴随着开国大典的隆隆礼炮声拉开了序幕。从 1949 年新中国成立到 1978 年改革开放前,在探索建立社会主义教育制度的历史征程中,教育国际交流与合作开始起步和前进。通过近30 年探索和实践,新中国教育国际交流与合作事业在开基创业和艰难曲

---

① 熊建辉. 互容·互鉴·互通——新中国 70 年教育国际交流与合作之路[J]. 神州学人,2019 (9-10):6-13.

折中奠定了 70 多年辉煌发展的新基础。

(一)收回教育主权,学习苏联经验,创建新教育制度

1949 年 12 月,新中国第一次全国教育工作会议召开,以老解放区新教育经验为基础、吸收旧教育某些有用经验、借助苏联经验成为建设新民主主义教育的重要政策基点。一方面,新中国对过去接受外国津贴的 20 所高等学校、544 所中学、1133 所小学,逐步实现教育管理权的转移,实现了实质性和卓有成效的改造。另一方面,国家教育体系全面学习"苏联经验"。这些努力,为 1956 年中共八大以后新民主主义教育方针转成社会主义教育方针、确立社会主义新型教育制度奠定了重要基础。

(二)吸引新中国成立前留学人员回国工作

新中国一成立,就提出了"争取一切爱国的知识分子为人民服务"的主张。1950 年,政务院在文化教育委员会下成立办理留学生回国事务委员会。教育部制定一系列具体政策,在 6 年里吸引和争取了以钱学森为代表的 2000 多名新中国成立前出国留学人员回国工作。从此,争取出国留学人员回国工作成为国家出国留学工作的重要组成部分和教育国际交流与合作事业的重要内容。

(三)启动和拓展双边教育国际交流与合作

新中国正式的双边教育国际交流与合作始于与捷克斯洛伐克、波兰、罗马尼亚等东欧国家交换留学生。以此为标志,新中国出国与来华留学事业正式起步,派遣留学生学习其他国家的先进科学技术也开始提上国家议事日程,并成为向苏联大量派遣学习科学技术留学生的前奏。除苏联外,我国与其他国家的教育交流与合作取得初步进展,包括留学生交流、教师交流、教育代表团和学者交流、向少数国家提供小额教育援助等内容。

1961 年到 1965 年,国家通过加强国内英语教育、建立研究外国问题和外国教育的基地、派遣学生赴西方国家学习外语等举措拓展与其他国家的交流。

(四)重点向苏联大量派遣留学生,开展对苏全面教育交流与合作

由于大量向苏联派遣留学生,20 世纪 50 年代的一段时间里,我国在国外有上万名留学生,仅 1951—1956 年我国就共向苏联派遣各类留学人员 6570 人。与此同时,我国与苏联的教育交流合作也得到全方位发展,包括建立两国政府教育部门的直接联系,聘请苏联专家来华任教,大量引进苏联高等学校教材,引进苏联的教育学和教学法,介绍推广苏联发展教育的经验,邀请苏联教育代表团考察我国教育并提出建议,推动高等学校之间建立校际联系,推动俄语教学超常规、跨越式发展。

(五)建立留学生管理制度

1956 年后,来华留学生规模扩大,留学生生源国也日益多样化。随着留学生事业的发展,与之相关的留学生管理制度也逐步建立起来。国家召开了一次来华留学工作会议,出台了第一份有关来华留学生管理工作的法规性文件;召开了两次出国留学工作会议,将出国留学人员的工作方针从"根据国内的建设需要学习苏联的先进技术"调整为"专业上保证重点、兼顾一般,保证质量、研究生为主,满足短期需要也要兼顾长远";还颁布了第一份全面的出国留学生工作管理制度文件。

(六)确立教育国际交流与合作的方针

1956 年,毛泽东发表《论十大关系》,强调"要向一切国家学习,不但现在要学,一万年后也要学","学习外国的长处时必须有分析有批判地学",等等。这些论述解决了为什么要向外国学习、向外国学习什么、怎么学等

一系列问题，确立了新中国教育国际交流与合作的方针，为对外教育交流指明了发展方向。

（七）在曲折中拓展教育国际交流与合作

"文革"初期，我国教育对外交流陷入停滞。20 世纪 70 年代初，伴随着中华人民共和国在联合国恢复合法席位及与美、日等国家双边关系的突破，我国教育对外交流逐步取得恢复性发展。应外交需要，国家开始派遣留学生赴国外学习外语，且第一次派遣教育代表团出访美国、英国、澳大利亚等发达国家；来华留学和来华进行教育访问的国家尤其是发达国家明显增多。以法国一所高等学校安排学习中文的学生自费到北京语言学院交流为标志，新中国成立后的自费来华留学也正式登上了历史舞台。

二、在改革开放和面向世界中开创新时期

从 1978 年到 2012 年，以邓小平同志、江泽民同志、胡锦涛同志为主要代表的几代中国共产党人团结带领全党全国各族人民，开辟并推进了中国特色社会主义发展道路。伴随着中国特色社会主义事业的开创和完善，我国的教育国际交流与合作事业经历了全面恢复与快速发展、扩大参与和融入世界、加入世贸组织与扩大规模三个不同发展阶段，在改革开放和面向世界中开创了新时期，取得了令世人瞩目的新进展新成就。

（一）扩大派遣留学生成为新时期教育对外开放的先声

1978 年 6 月 23 日，邓小平作出关于扩大派遣留学生的重要指示。教育部随后向国务院提交了《关于加大选派留学生数量的报告》，确定了选派计划。为落实扩大派遣留学生的出国渠道，中国政府首先与美国达成互派留学生协议，其后又与英国、埃及、加拿大、荷兰、意大利、日本、法国、比利

时、澳大利亚等国政府商谈，成功达成交换留学生协议。

(二)提出"三个面向"指导方针

1983年，邓小平提出"教育要面向现代化、面向世界、面向未来"的战略思路，对新时期社会主义教育提出总体要求，将教育对外开放融入整个国家改革开放基本国策和现代化建设的总体设计中，为党和政府在新时期教育国际交流与合作事业发展的领导地位提供了坚实的理论基础。

(三)改革教学方法，更新学校教材

邓小平同志十分重视各级学校的教材编写工作，强调这是学习世界科学技术最新进展和成果的重要途径。根据邓小平同志的指示，中央拨专款从美国、英国、联邦德国、法国、日本等国家引进大、中、小学教材，供我国编写教材参考。截至1978年2月，进口的外国教材达2200册。教育部从各地选调了200多人到北京集中参加中小学各科全国通用教材的编写工作，成立了教材编审领导小组。1978年9月，全国中小学开始使用新编教材。

(四)逐步完善教育对外开放政策法规，加强战略谋划

1993年，《中国教育改革和发展纲要》强调要进一步扩大教育对外开放；1995年，《教育法》对"教育对外交流与合作"专设一章；1998年，《高等教育法》对高校层面的对外交流进行了更细节的规定。加入WTO后，我国陆续制定和修订了与教育对外开放相关的政策法规文件，大力推进教育交流与合作机制建设，不断改善教育对外开放的制度环境。2004年，国务院印发《2003—2007年教育振兴行动计划》，提出加强全方位、高层次教育国际合作与交流。2010年，《国家中长期教育改革和发展规划纲要(2010—2020年)》(以下简称《教育规划纲要》)把教育对外开放作为推动中国教育改革和发展的战略举措，明确提出进一步加强教育国际交流与合

作水平,引进优质教育资源,提高中国教育国际化水平,提升中国教育的国际地位、影响力和竞争力,培养大批具有国际视野、通晓国际规则、能够参与国际事务和国际竞争的国际化人才。

(五)进一步加强出国留学工作管理

1981年至1984年,国务院先后多次批转和印发《关于自费出国留学的规定》。1986年,《中共中央国务院关于改进和加强出国留学人员工作若干问题的通知》提出"按需派遣、保证质量、学用一致"的出国留学人员工作方针。同年12月,国务院批转国家教育委员会《关于出国留学人员工作的若干暂行规定》。1987年1月,国家教委印发五个关于公派留学的管理细则。《暂行规定》和五个管理细则一起构成了沿用至今的、覆盖出国留学事务方方面面的管理体系,这成为中国留学工作进入稳定发展期的转折点。其间,教育部留学服务中心成立,在国外陆续设立驻外使领馆教育处组,为进一步发展教育对外开放事业打下了扎实基础。

进入20世纪90年代,中共十四届三中全会明确提出"支持留学、鼓励回国、来去自由"的出国留学工作方针,其后国家教委印发《关于自费出国留学有关问题的通知》,进一步放宽自费出国留学政策。1996年,国家留学基金管理委员会成立,全面试行"个人申请、专家评审、平等竞争、择优录取、签约派出、违约赔偿"的国家公费出国留学选拔办法,使留学工作在招生、选派和管理方面走上制度化、规范化和法制化轨道。1999年,教育部《面向21世纪教育振兴行动计划》全面启动,留学工作被置于重要位置。2000年,全国教育外事工作会议召开,总结了改革开放以来留学工作的成绩,确定了未来留学工作的方向。2010年,《教育规划纲要》再一次将留学工作作为教育对外开放工作的重点。

(六)加强引智工作,鼓励留学人员回国服务

引进国外智力和做好留学人员工作是新时期教育国际交流与合作的

重要内容。为吸引留学人员回国，让国外回来的学者安心工作，邓小平强调要做好安置他们回国的准备工作，指出"要利用外国智力，请一些外国人来参加我们的重点建设以及各方面的建设"。江泽民在中共十五大报告中继续强调："积极引进国外智力。鼓励留学人员回国工作或以适当方式为祖国服务。"1996年，教育部全面实施"春晖计划"，拨出专项经费资助在外留学人员短期回国工作。

(七)拓展全方位教育国际交流与合作

改革开放初期，中国与西方国家在双边教育交流领域取得了前所未有的突破：与美国恢复"中美富布赖特项目"；与英、德、法、日等多个国家开展教育合作；先后对亚非拉国家开放留学，资助其学生来华学习。这一时期的出国留学人员，一方面学习国外的先进知识，为中国在教育、科技、经贸等领域更好地融入世界提供了助力；另一方面作为文化交流使者，向海外推广中国语言，传播中国文化，加深了中外双方彼此了解。同时，来华留学生也为我国外交工作注入了活力，对教育改革起到了积极的推动作用。

(八)中外合作办学快速发展

加入WTO后不久，国务院颁布《中华人民共和国中外合作办学条例》，教育部随后陆续出台《中华人民共和国中外合作办学条例实施办法》《关于做好中外合作办学机构和项目复核工作的通知》《关于当前中外合作办学若干问题的意见》《关于进一步规范中外合作办学秩序的通知》等文件，完善了涉外办学的政策设计，有力强化了合作办学的规范管理，为提高合作办学的质量水平和可持续发展能力提供了政策保障。

(九)加强与联合国教科文组织教育交流合作

1979年，中国联合国教科文组织全国委员会成立。从此，与联合国教科文组织的教育交流与合作,成为我国多边教育领域最引人瞩目的内容。进入 21 世纪后,与联合国教科文组织的教育交流合作在深度和广度上进一步拓展,成果丰硕,很多重要会议和活动开始在中国举办。中国人也开始在联合国教科文组织崭露头角,继中国学者苏纪兰两度连任政府间海洋学委员会主席后,章新胜当选联合国教科文组织执行局主席,唐虔担任联合国教科文组织教育助理总干事。

(十)启动并加强与其他多边组织教育交流合作

从 1979 年开始,我国与联合国儿童基金会、联合国开发总署、联合国人口基金等联合国驻华机构启动教育交流合作项目,接受其教育援助,当时款项总计达数千万美元。1980 年,我国恢复在世界银行的合法席位,1981 年利用世界银行贷款的第一个项目就是教育项目。我国在不到 20 年的时间里先后利用世界银行贷款吸纳教育资金达 26 亿美元。

(十一)民间教育对外交流日益活跃

1981 年,中国教育国际交流协会成立,从此中国民间的、半官方的教育国际交流有了专门组织,开辟了国际教育交流的新渠道,在教育对外交流合作中具有里程碑意义。1983 年,中国教育学会对外汉语教学研究会成立,架设起中国文化与世界文化交流的语言之桥。1987 年,世界汉语教学学会成立,使官民并举在对外汉语教学工作中成功发展。伴随着这些民间机构的诞生和汉语水平考试的推出,汉语推广也在这一时期取得积极进展,使对外交流的语言之桥逐步走向科学化、规范化和标准化。进入 21 世纪,我国民间教育国际交流立足国内,面向世界,交流规模不断扩大,内容日益丰富,国内外影响力不断提升,逐步成为中国教育连接世界教育的重要渠道。

（十二）高校对外交流合作日益丰富

改革开放后，高校层面对外交流的自主性和独立地位开始显现，以南开大学1980年组织召开明清史国际研讨会为标志，国内开始举办国际学术会议；中外高校之间开始开展学术研究合作；越来越多的学校开始与国外高校建立校际交流关系；外籍教师来华任教的学科逐渐多元，中国学者也开始"走出去"任教。20世纪90年代后，高校对外交流合作在"211工程""985工程""国家示范性高职院校"等重大质量工程的进程中开始向办学理念、人才培养和科学研究等具体过程中延伸。高等教育国际化的机制建设也有了新进展。

（十三）助推中外人文交流

具有中国特色的教育对外开放事业成为中外人文交流的重要领域，在国家总体外交中日益发挥重要作用。自2004年起，孔子学院在世界各地陆续设立，积极推广汉语，传播中国文化。教育对外开放工作逐渐形成了宏观、微观相协调的对外教育交流矩阵。中国更加积极地参与到中外人文交流事务中。以教育交流为引领的中外人文交流工作逐步向国际社会传递中国和平发展的正能量，在国际舞台上传播中国和平发展、共建和谐世界的创新理念，力争使中国的"软实力"在国际上获得与"硬实力"相称的地位。

三、在转型升级和提质增效中进入新时代

党的十八大以来，教育对外开放的基础和条件发生深刻变化，在开放发展理念指导下，我国追求更有质量、更高水平、更可持续的全面对外开放，为新一轮教育对外开放，特别是打造雄安、长三角、海南、大湾区等教育

对外开放高地，推进共建"一带一路"教育行动注入了新动力。教育国际交流与合作积极推进转型升级、提质增效，主动服务党和国家工作大局，在推动形成全方位、多层次、宽领域的全新格局方面取得历史性新成就，教育对外开放的思想引领能力、顶层设计能力、聚焦国家战略培养人才能力、推进共建"一带一路"能力、做强中国教育能力、满足人民美好生活向往能力、参与全球治理能力、服务宏观决策和战略咨询能力等显著增强。

（一）教育对外开放的思想引领能力显著增强

这一方面最鲜明的体现就是将有序推进教育对外开放置于新时代治国理政重大理论与实践的重要位置。推动形成全面对外开放新格局是以习近平同志为核心的党中央作出的重大战略部署。党的十八大以来，习近平总书记在深入学校考察、与国内外专家学者和师生座谈，主持深改组（委）等会议审议重大议题，出访发表演讲和署名文章，会见来华政要和各方面人士，作出一系列指示批示时，对教育对外开放工作提出一系列富有创见的新理念新思想新观点，为做好新时代中国特色社会主义国际教育交流与合作事业指明了前进方向，提供了根本遵循。

例如，担任深改组（委）组长（主任）期间，习近平亲自主持审议通过《关于做好新时期教育对外开放工作的若干意见》这一新中国成立以来第一份全面指导我国教育对外开放事业发展的纲领性文件，《关于加强和改进中外人文交流工作的若干意见》这一党和国家首次就中外人文交流工作制定的专门文件，《关于推进孔子学院改革发展的指导意见》这一党的十九大后首个纳入中央全面深化改革领导小组审议通过的教育对外开放专门领域的顶层设计文件。

习近平总书记关于教育对外开放的重要论述集中体现在新时代首次全国教育大会的讲话当中。他引用"不拒细流，方为江海"，强调要坚持对外开放不动摇，加强同世界各国的互容、互鉴、互通；要聚焦世界科技前沿和国内薄弱、空白、紧缺学科专业,同世界一流资源开展高水平合作办学,把质量高、符合需要的引进来;要打造更具国际竞争力的留学教育,将我国建成全球主要留学中心和世界杰出青年向往的留学目的地,吸引海外顶尖人才来华留学,培养未来全球精英;要增强教育服务国家外交的能力,通过教育交流合作,继续办好全球孔子学院、孔子课堂,让全球几千万汉语学习者、几十万来华留学生成为中国的好朋友;要大力培养掌握党和国家方针政策、具有全球视野、通晓国际规则、熟练运用外语、精通中外谈判和沟通的国际化人才,有针对性地培养"一带一路"倡议等急需的懂外语的各类专业技术和管理人才,有计划地培养选拔优秀人才到国际组织任职;要加快建设中国特色海外国际学校,解决各类驻外机构、海外中资机构工作人员,以及赴海外经商、务工人员随居子女在国外接受汉语教育问题,同时为海外华侨华人子女学习中文、学习中国历史文化提供便利。

(二)教育对外开放的顶层设计能力显著增强

以习近平同志为核心的党中央对教育事业改革发展的总体要求,突出特点是坚持和加强党对教育事业的全面领导,推动决策层级上移,围绕使市场在资源配置中起决定性作用、更好发挥政府作用,促进教育治理水平和治理能力的现代化。体现在有序推进教育对外开放领域,就是显著加强了教育对外开放的顶层设计,将教育对外开放工作纳入中国社会主义现代化百年蓝图的历史使命和发展坐标中来审视;纳入党中央国务院对教育事业的总体要求中来部署;纳入中央全面深化改革议程中来谋划,推动我国教育对外开放事业从改革开放初期的"摸着石头过河"转向更加注重系统性、整体性、协同性的科学决策过程。党中央、国务院颁布的多份综合性改革和教育深化改革专门性文件当中,都不同程度涉及教育对外开放的内容和任务,在一系列深化教育改革发展的顶层设计和实施方案文件中,如《统筹推进世界一流大学和一流学科建设总体方案》等都将加强国际交流合作作为重要内容和任务,彰显教育国际化对教育现代化和国家现代化战略目标的支撑作用。教育部等有关部门也围绕贯彻落实中央精神,纷纷出台教育对外开放领域的专门文件,都明确了总体要求,提出了目标使命,部署了重点工作,强化了保障措施,构成了新时代教育对外开放的"四梁八柱",助推教育对外开放改革创新举措持续落地,推动我国教育对外开放的总体水平实现新的历史性跃升。

(三)助力中国教育总体发展水平跃居世界中上行列

中国教育国际竞争力不断增强,教育普及程度不断提升,各级各类教育规模持续稳居世界首位,逐步由大到强,国际社会对中国教育的关注度越来越高。上海学生参加国际学生能力测试项目(PISA)、教师参加教师教学国际调查项目(TALIS)的优异表现,吸引了美国、英国、南非、以色列等国家纷纷来华探求"上海的秘密"和中国基础教育成功的奥秘;英国政府决定持续开展中英数学教育交流项目,在中小学广泛推广上海经验。中国成为《华盛顿协议》正式成员,标志着中国工程教育本科质量得到国际认可;"双一流"建设取得重要进展,多所高校进入世界权威排行榜;首次用中国标准、中国专家、中国模式对俄罗斯大学及其专业开展联合认证和国际认证。联合国教科文组织、世界银行有关报告高度肯定中国全民教育发展成就和对全球教育发展的贡献,联合国教科文组织分别在广东深圳、上海、海南三亚与我国共建高等教育创新中心、教师教育中心、联系学校国际中心等二类教育机构,中国教育模式开始成为其他国家教育改革的参照。

(四)人才培养国际化水平大幅提升

我国双向留学与人才引进规模迅速增长。截至 2018 年底,留学回国人员总数达 365.14 万人,占已完成学业人数的 84.46%。"留学中国计划"扩大了来华留学规模,如期实现接收来华留学生 50 万人的目标。海外优秀人才来华从教的数量和质量明显提升。正在实施的海外名师项目和学校特色项目已惠及160余所非教育部直属高校。各地方政府积极出台海外优秀人才引进计划,吸引了大量海外人才为国家建设服务。

(五)人文交流机制不断完善,上升为中国特色大国外交的重要支柱

坚持以我为主、兼收并蓄,先后建立中俄、中美、中欧、中英、中法、中印尼、中南非、中德、中印等高级别中外人文交流机制,教育服务国家对外战略能力不断增强。中国各级各类学校和教育机构与150多个国家和地区数千个教育机构建立了友好关系,教育国际交流在人文交流机制平台上得到实质性推进。525所孔子学院和1113个孔子课堂遍布全球146个国家和地区,全球汉语学习人数达1亿人,中华语言文化影响力不断增强。

(六)中外教育领域高层智库间交流日益增多,成为中国外交的有益补充和民心相通的活跃力量

伴随着留学生质量和数量的双提升,留学生已成为中外人文交流天然的使者。民间教育国际交流积极服务公共外交大局,促进教育改革发展,把我国民间教育国际交流合作提高到新水平。不断扩大的教育对外开放,为各国间的政策沟通、贸易沟通、货物交流等提供了有力的人才支撑。中国教育敞开胸怀,不断推动全球教育深度合作、互学互鉴,积极促进世界各国教育共同发展,助力构建人类命运共同体。

(七)"请进来、走出去"稳步推进,涉外办学带动中国教育质量整体提升

全国中外合作办学机构和项目约2500个,包含理学、工学、农学、医学、法学、教育学等11个学科门类200多个专业;合作对象涉及36个国家

和地区，800多所外方高校，700多所中方高校；每年招生超15万人，在校生超60万人，其中高等教育占90%以上，毕业生超200万人。海外办学迈出实质性步伐，已举办100多个本科以上境外办学机构和项目。清华大学携手华盛顿大学创建全球创新学院，北京大学汇丰商学院牛津校区启动招生，厦门大学马来西亚分校、老挝苏州大学等境外办学机构在探索中稳妥推进，越来越多的本科院校和职业院校"走出去"办学，推动中国教育逐步走向世界。

(八)双边多边教育交流持续深化，不断提高中国教育影响力

截至2019年底，我国与188个国家和地区建立教育合作交流关系，与47个重要国际组织开展教育交流，与48个国家和地区签署学历学位互认协议。习近平主席对联合国教科文组织进行历史性访问，中国与联合国教科文组织关系进入历史最好时期。成功加入《亚太地区承认高等教育资历公约》，积极参与全球教育治理。积极服务国际社会教育规划的开发和制定，在教育2030、亚太经合组织教育战略、全球高等教育学历互认公约、职业技术教育战略等有关国际文件起草研制过程中发挥建设性作用。服务重点领域改革，仅2017年度就实施国际合作项目18个，争取国际援助资金700万美元，利用跨国公司资金4.7亿美元，开展重点领域的研究和试点。推进省部共建"一带一路"教育行动，实现主要节点省份签约全覆盖。

(九)中国特色、高水平新型智库建设有序推进，服务战略决策与咨询能力显著增强

教育部自2012年始启动42家国别和区域研究培育基地以及四家国际教育基地建设，2017年又备案395家国别和区域研究中心以及25家中外人文交流、教育开放发展研究中心，基本实现国别区域研究基地在全球国家、地区和主要国际组织，特别是"一带一路"沿线国家和地区的全覆盖。

积极加强与建交国家和地区政治、经济、教育、文化、法律等领域的专业研究和动向追踪,加强主要国际组织和全球治理方面的追踪研究,为国家教育对外开放和中国特色大国外交提供智力支撑。地方、高校、科研院所纷纷整合资源,成立国别、区域和国际组织专业研究机构以及国际教育研究智库,诸多行业学会、协会和社会、民间组织也大力加强国别区域领域分支机构建设。一些高校还整合传统上比较分散的机构资源,成立国别与区域研究院、全球治理研究院等,设立国别区域、全球治理等领域的专业或研究方向,招收中外硕博研究生、博士后和访问学者。

总之,经过 70 多年的不懈努力,今天的中国已成为全球有影响力的国际教育中心之一,不但拥有世界最大规模的外语学习人口,而且建成世界上影响最大的语言推广机构;不但持续保持世界最大的国际学生生源国地位,而且稳居亚洲最大留学目的地国位置;不但成为引进世界优质教育资源开展合作办学最多的国家,而且成为积极探索境外办学、重点为"一带一路"沿线国家和地区提供教育服务公共产品的最大发展中国家;不但在世界百年未有之大变局中始终保持战略定力,始终坚持打开国门搞建设,始终坚持教育对外开放毫不动摇,加快扩大教育对外开放,学习世界一切有益的文明成果,努力做强中国教育,对内服务构筑中华民族精神共同体、实现中华民族伟大复兴的中国梦,而且对外积极共建"一带一路"教育共同体,深化双边多边教育合作,参与和引导全球教育和人文治理变革,成为全球最大的成体系成规模、官民并举、旗帜鲜明加快教育有序开放、推动人文交流和文明互鉴、服务构建人类命运共同体的世界大国,为更好做强中国教育、支撑国家现代化、服务中国特色大国外交,为实现中华民族伟大复兴的中国梦打下了坚实基础,不仅在中国教育史和中外人文交流史上,而且在人类教育史和世界文明交流互鉴史上写下了壮丽诗篇。

第三章　从跟跑迈向领跑：中国教育对外开放之路

　　1978 年，中国开启了改革开放的伟大征程。以邓小平同志作出扩大派遣留学生的重要指示为起点，中国教育迈出了对外开放的历史性步伐。40 多年来，中国共产党领导全国人民高举中国特色社会主义伟大旗帜，在实施科教兴国和人才强国战略进程中坚定不移地推进具有中国特色的教育对外开放，探索出一条具有中国特色、世界水平的社会主义教育发展道路，推动中国教育逐步走向世界教育中心，创造了人类教育发展史上的奇迹。伴随着中国从参与融入到积极引领经济全球化进程，肩负培养优秀人才、促进人文交流、服务现代化建设重要使命的教育对外开放，不断向纵深发展，形成了全方位、多层次、宽领域的总体格局。作为国家对外开放先声的教育对外开放事业，在坚持服务国家教育改革发展事业、服务中国特色社会主义现代化建设事业、服务国家整体外交事业等党和国家工作大局中，不断实现自身的创新发展，走出了一条从跟跑迈向并跑、领跑之路。①

一、教育对外开放从学习跟跑中起步

　　教育对外开放是一个牵一发而动全身的系统工程。以邓小平同志为

---

　　① 熊建辉. 从跟跑到领跑：40 年中国教育对外开放之路[J]. 神州学人，2018(6)：8-13.

核心的党的第二代中央领导集体从国家和民族未来生存与发展的全局高度,审时度势,把扩大派遣留学生作为教育开放乃至国家整体开放的突破口,通过留学打开了当时几近关闭的国门,在其后的岁月中,无论外部环境如何改变,这一政策都始终如一。

1978 年 6 月 23 日,邓小平作出扩大派遣留学生的重要指示,不到 20 天后,教育部向国务院提交了《关于加大选派留学生数量的报告》,确定了选派计划。为落实扩大派遣留学生的出国渠道,中国政府首先与美国达成互派留学生协议,其后又与英国、埃及、加拿大、荷兰、意大利、日本、联邦德国、法国、比利时、澳大利亚等国政府商谈,成功达成交换留学生协议。自此,中国大量派遣公派留学生出国,并接收外国留学生来华,从而拉开了教育对外开放的序幕,我国教育国际交流与合作在调整与恢复中迎来了学习跟跑的新时期。

20 世纪 80 年代初,邓小平同志提出"教育要面向现代化、面向世界、面向未来",为当时中国教育改革发展指明了前进方向。其中,面向世界即放眼世界,具备国际视野,吸收世界一切教育优秀成果为我所用,提高中国教育现代化水平和国际竞争力,为世界进步做出贡献。这一时期,以派遣留学生为引领,中国教育对外开放从一开始就具有面向世界、官民并举、双边多边并举的鲜明特色。当时,以美国为主的西方国家对与中国相关的双边教育交流活动给予了较多的方便和支持,西方主流媒体对中国教育等方面交流活动予以正面宣传,西方民众与教育交流相关机构也对来自东方的古老文明报以极大热情和好感。由此,中国与西方国家在双边教育交流领域取得了前所未有的突破:与美国恢复"中美富布赖特项目";与英、德、法、日等多个国家开展教育合作;先后对亚非拉国家开放留学,资助其留学生来华学习。这一时期出国的留学人员,一方面学习国外的先进知识,为中国在教育、科技、经贸等领域更好地融入世界提供了助力;另一方面作为文化交流使者,向海外推广中国语言,传播中国文化,加深了中外双方彼此了解。同时，来华留学生也为我国外交工作注入了活力，对教育改革起到了积极的推动作用。

这一时期双边教育交流的主要动力，源自政府间高层官员互访和双边教育合作协定，民间力量主要集中在中外留学生，一些民间机构也开始主动参与。特别是随着教育国际交流的发展和改革开放新形势的需要，迫切要求创新教育国际交流合作的组织形式。1981年7月，中国教育国际交流协会成立，中国民间的、半官方的教育国际交流有了专门组织，开辟了教育对外开放的崭新渠道，在教育对外交流合作中具有里程碑意义；1983年，中国教育学会对外汉语教学研究会成立（后更名为中国高等教育学会对外汉语教学研究会），架设起中国文化与世界文化交流的语言之桥；1987年，世界汉语教学学会成立，使官民并举在对外汉语教学工作中成功发展，为后来国家汉办和孔子学院的建设积蓄了能量。

与此同时，中国与联合国教科文组织、世界银行、联合国儿童基金会等多边组织的教育交流合作也逐步开展起来。1978年，中国教育部、文化部、中科院与联合国教科文组织签署了第一份备忘录，正式开启了双方在教育、科学、文化三大领域的合作。当年，教育部、外交部向国务院联合呈报建立中国联合国教科文组织全国委员会的请示报告并随即获批，之后便开始组建由教育、科学、文化等各领域主管部门共同组成的中国联合国教科文全委会，负责牵头协调中国与联合国教科文组织的合作。

1986年5月，中共中央、国务院下发《关于改进和加强出国留学人员工作若干问题的通知》，指出"通过各种形式派遣出国留学人员完全符合我国对外开放的长期方针，今后必须坚定不移地坚持下去"。中国公派出国留学工作方针被概括为"按需派遣、保证质量、学用一致"。自此，中国在一些国家陆续开始使领馆教育处组的建设，为进一步发展教育对外开放事业打下了扎实的基础。1986年12月，国务院批转了国家教育委员会《关于出国留学人员工作的若干暂行规定》，内容广泛全面，涉及了当时出国留学事务的一系列热点难点问题。1987年1月,国家教育委员会印发了五个关于公派留学的《管理细则》。40多年来,《暂行规定》和五个《管理细则》中的许多内容沿用至今。可以说,这是中国出国留学工作进入稳定发展期的转折点。

二、教育对外开放进入扩大发展阶段

这一时期,以江泽民同志为核心的党的第三代中央领导集体与时俱进,不断推进和完善教育对外开放特别是留学工作,鼓励出国留学人员回国服务,为我国可持续发展引入强大智力支撑,为国家现代化建设奠定坚实基础。"支持留学、鼓励回国、来去自由"的出国留学工作方针被写进党的十四届三中全会文件,标志着中国以制度化方式再次确立了改革开放之初提出的教育要面向世界、对外开放的政策。1993年颁布的《中国教育改革和发展纲要》进一步明确了留学"十二字方针",并将对外教育交流作为一个整体全面规划推进。同年7月,国家教委印发《关于自费出国留学有关问题的通知》,进一步放宽自费出国留学政策。从此,中国的留学事业走上了良性循环的轨道。

伴随着出国留学事业的发展,留学中的一些问题特别是留学人员"留而不归"逐步引起了国家重视。国家教委开始借鉴国际经验,改革国家公派出国留学管理办法。1996年,国家留学基金管理委员会成立,全面试行国家公费出国留学选拔办法,即"个人申请、专家评审、平等竞争、择优录取、签约派出、违约赔偿",标志着国家公派留学工作走上了法制化轨道。

1996年,教育部全面实施"春晖计划",拨出专项经费资助在外留学人员短期回国工作。这在广大留学人员中产生了广泛积极的影响,激发了他们的爱国热情。1999年,教育部《面向21世纪教育振兴行动计划》全面启动,留学工作被置于重要位置。2000年,全国教育外事工作会议召开,会议总结了改革开放 20 多年来我国留学工作的成绩，并确定了今后五年留学工作的方向。

这一时期，我国双边多边教育交流进一步拓展。在双边教育交流方面，值得一提的是中德职业教育合作为这一时期的双边教育交流注入了活力。中德双方共同建立了职业技术教育中心研究所，包括北京的中心研究所和上海、辽宁两个地方研究所，先后设立了天津、山东平度职教中心等 10 余个合作项目，旨在借鉴德国经验，为中国培养一批职教领域的研究人员和受企业欢迎的技术工人。以此为平台，中德双方互派教师、研究和管理人员及学生到对方国家学习交流、传授经验，为中国职业教育对外开放做出了突出贡献。在多边教育交流方面，中国全面参与了世界遗产、政府间海洋学计划等联合国教科文组织主要计划，以及丝绸之路综合研究等重大项目。此外，这一时期教育对外交流工作的一大重点就是展示传播中国"以和为贵"的精神理念，减少国际交往中的误解。

三、教育对外开放迈入主动谋划、持续发力快速发展阶段

21 世纪，随着经济全球化的不断发展，各国政府认识到人力资源的重要性，纷纷把教育放在优先发展的战略定位，将教育国际化上升为国家整体战略。这一时期，以胡锦涛同志为总书记的党的第四代中央领导集体总结提出科学发展观和构建社会主义和谐社会的重大战略构想，推动我国改革开放事业进入完善社会主义市场经济体制的新阶段。加入世贸组织后，中国政府陆续制定和修订了与教育对外开放相关的政策法规文件，大力推进双边多边教育交流与合作机制建设，不断改善教育对外开放的制度环境。2004 年，国务院印发《2003—2007 年教育振兴行动计划》，提出加强全方位、高层次教育国际合作与交流，确定了五年内教育对外开放的思路、策

略及行动举措。2010 年全国教育工作会议与《国家中长期教育改革和发展规划纲要(2010—2020 年)》进一步把教育对外开放作为推动我国教育改革和发展的战略举措,明确提出坚持以开放促改革、促发展,始终面向世界,进一步加强教育国际交流与合作水平,引进优质教育资源,提高我国教育国际化和教育现代化水平,提升我国教育的国际地位、影响力和竞争力,培养大批具有国际视野、通晓国际规则、能够参与国际事务和国际竞争的国际化人才。

这一阶段,我国教育对外开放围绕大国是关键、周边是首要、发展中国家是基础、多边是重要舞台的战略部署,坚持宏观统筹与具体实施、官方交流与民间交流互为补充、有效配合,深入推进全方位、多层次、宽领域的教育交流与合作,在出国留学、来华留学、中外合作办学、境外办学、汉语推广等领域取得新进展,在双边教育交流合作特别是机制构建、平台拓展等方面取得新突破。

具有中国特色的教育对外开放事业在中央高度重视下,成为中外人文交流的重要领域,在国家总体外交中日益发挥重要作用。自 2004 年起,孔子学院在世界各地陆续设立,积极推广汉语,传播中国文化。教育对外开放工作,逐渐形成了宏观、微观相协调的对外教育交流矩阵。这一时期,中国更加积极地参与到中外人文交流事务中。以教育交流为引领的中外人文交流工作逐步向国际社会传递中国和平发展的正能量,通过中国历史悠久且丰富多彩的各类文化、教育、艺术等表现形式,在国际舞台上传播中国和平发展、共建和谐世界的创新理念,以一个和平、友好、负责任的大国形象赢得国际社会的认同,力争使中国的"软实力"在国际上获得与"硬实力"相称的地位。

这一时期,多边教育交流与合作日益深化。中国与联合国教科文组织的合作在深度和广度上进一步拓展,我国与联合国教科文组织合作成果丰硕,很多重要会议和活动开始在中国举办,包括九个人口大国全民教育部长会议、首届世界地质公园大会、第 28 届世界遗产委员会、首届联合国教科文组织学习型城市大会、国际职业教育大会、国际文化与可持续发展大会等。同时,中国人也开始在联合国教科文组织崭露头角,继中国学者苏纪兰两度连任政府间海洋学委员会主席后,时任教育部副部长章新胜当选联合国教科文组织执行局主席,唐虔担任联合国教科文组织教育助理总干事。

四、教育对外开放步入提质增效、迈向领跑的新时代

2012 年,中共十八大以来,在以习近平同志为核心的党中央坚强领导下,中国迈向追求更高质量、更高水平的全面对外开放新时代。这一阶段,中国教育对外开放的基础和条件发生深刻变化,国家开放发展新战略为教育对外开放注入新动力,教育对外开放工作积极服务党和国家工作大局,形成全方位、多层次、宽领域的新格局,开始步入提质增效、迈向领跑的新时代,推动中国教育走向世界教育中心。

双向留学与人才引进规模迅速增长,人才培养国际化水平大幅提升。截至 2017 年底,留学回国人员总数达 313.20 万人,占已完成学业人数的83.73%。截至 2016 年底,国家和地方共引进各类高层次留学人才约 6 万人。"留学中国计划"扩大了来华留学规模,学历留学生特别是研究生比例上升较快,中国成为亚洲最大留学目的地国。

双边多边人文交流机制不断完善,上升为国家对外交往的重要支柱。迄今为止,中国已先后建立了中俄、中美、中欧、中英、中法、中印尼、中德等高级别中外人文交流机制,教育服务国家对外战略的能力不断增强。中国各级各类学校和教育机构与 150 多个国家和地区的数千个教育机构建立了友好关系。教育国际交流在人文交流机制平台上得到了实质性推进。中外教育领域高层智库间交流日益增多,成为我国外交的有益补充和民心

相通的活跃力量。伴随着留学生质量和数量的双提升,留学生已成为中外人文交流天然的使者。不断扩大的教育对外开放,为各国间的政策沟通、贸易沟通、货物交流等提供了有力的人才支撑。中国教育敞开胸怀,不断推动全球教育深度合作、互学互鉴,积极促进世界各国教育共同发展,助力构建人类命运共同体。

"请进来、走出去"稳步推进,教育对外开放带动中国教育质量整体提升。截至目前,中外合作办学机构和项目近 2600 个。海外办学迈出实质性步伐,已举办 100 多个本科以上境外办学机构和项目。清华大学携手华盛顿大学创建的全球创新学院将迎来首届毕业生,北京大学汇丰商学院牛津校区正式启动并面向全球招生。与 188 个国家和地区建立教育合作交流关系,与 46 个重要国际组织开展教育交流,与 48 个国家和地区签署学历学位互认协议。习近平主席对联合国教科文组织进行历史性访问,中国与联合国教科文组织关系进入历史最好时期。成功加入《亚太地区承认高等教育资历公约》,积极参与全球教育治理,中国教育的话语权不断扩大。推进省部共建"一带一路"教育行动,基本实现主要节点省份签约全覆盖。525 所孔子学院和 1113 个孔子课堂遍布全球 146 个国家和地区,全球汉语学习人数达 1 亿人,中华语言文化影响力不断增强。

中国教育国际竞争力不断增强。教育普及程度不断提升,教育总体发展水平进入世界中高收入国家行列,各级各类教育规模持续稳居世界首位,逐步由大到强。2016 年,中国成为《华盛顿协议》第 18 个正式成员,标志着中国工程教育质量得到国际认可。"双一流"建设取得重要进展,中国多所高校进入世界权威排行榜。41 所高校进入上海软科世界大学学术排名 500 强,30 所高校进入《美国新闻与世界报道》世界大学排名 500 强,六所大学进入 QS 世界大学排名 100 强。2015 年 10 月,中国首次用中国标准、中国专家、中国模式对俄罗斯三所大学的八个专业开展联合认证和国际认证。通过参与国际评估,我们可以尽快掌握国际教育质量标准的话语权，成为国际教育评估规则的重要制定者，培养和锻炼一大批具有国际视野、熟悉国际标准规则、理念先进、技术娴熟的"顶天立地"的教育评估专家，从而赢得教育发展的主动权。联合国教科文组织、世界银行有关报告高度肯定中国全民教育发展成就和对全球教育发展的贡献，中国教育模式成为其他国家教育改革的参照。2016年7月，英国政府决定，持续开展中英数学教育交流项目，在中小学广泛推广上海经验。

　　教育对外开放是中国改革开放事业的一个缩影，其所取得的成就是改革开放以来中国实现历史性变革、取得历史性成就的一个生动写照。40多年来，教育对外开放不辱使命，在建设中国特色社会主义伟大历史进程中谱写了勇立潮头、开拓进取的壮丽篇章。

第四章　从仰视到平视：擘画新时代教育对外开放新格局

　　教育对外开放是国家对外开放事业的重要组成部分,肩负着培养优秀人才、促进人文交流、服务现代化建设的重要使命。回望党的十八大以来的五年(2012—2017年),进入新时代的中国教育对外开放事业坚持统筹国际国内两个大局,运用国际国内两种资源,主动服务国家战略,在国家开放大局和世界发展坐标中谋划新定位、展现新作为,积极擘画新格局,开创了转型升级、提质增效、内涵发展、迈向领跑的新局面。[①]

一、顶层设计与落地举措引领转型升级

　　开放是现代教育的基本特征,扩大教育开放不仅事关人才培养大计、国计民生大局,而且事关世界和平大势。党的十八大以来,我国教育取得长足进展,形成了世界上规模最大的教育体系,教育发展总体水平已进入世界中上列,提高教育质量成为新时期教育改革的核心任务。如何以开放促改革促发展,做强中国教育,服务党和国家大局,成为做好新时期教育对外开放工作的新命题。

　　党的十八大以来,党和国家高度重视教育对外开放工作。习近平总书

---

　　① 熊建辉.擘画教育对外开放新格局[J].神州学人,2017(9):42-45.

记积极引领推动教育开放和人文交流事业的发展与深化,在双边多边舞台全方位地展示大国风范、大国形象,以中国主张、中国方案推动中外民心相通和全球人文变革,谱写了开放发展和人文交流新的宏伟篇章。例如,中国要发展,必须顺应世界发展潮流,加强同世界各国的教育交流。无论何时,中国开放的大门不会关上,而是将以更加开放的胸襟、更加包容的心态、更加宽广的视角,大力开展中外文化交流,在学习互鉴中,为推动人类文明进步做出应有贡献。又如,中国教育对外开放,要积极推进人类文明交流互鉴,构筑人类命运共同体。教育在全球治理所展现的可持续功效无可替代,国民教育体系理应加强国际理解教育,推动跨文化交流,增进学生对不同国家、不同文化的认识和理解。

党的十八大以来,以习近平同志为核心的党中央在国内国际多个重要场合就如何做好教育对外开放、促进人文交流、民心相通和文明互鉴发表了重要论述,作出了重要指示,为开启教育对外开放新征程提供方向指引和根本遵循。

2015年底,中央全面深化改革领导小组第十九次会议审议通过了新中国历史上第一份就教育对外开放工作专门制定的中央文件《关于做好新时期教育对外开放工作的若干意见》,开启了我国教育对外开放提质增效的新时期。该文件强调教育对外开放是我国改革开放事业的重要组成部分,要服务党和国家工作大局,统筹国内国际两个大局,提升教育对外开放质量和水平;要增强服务中心工作能力,自觉服务"一带一路"建设等重大战略,推动实施创新驱动发展战略、科教兴国战略、人才强国战略;要考虑不同地区教育水平和区域发展需要,有所侧重,因地制宜;要加强党对教育对外开放工作的领导,发挥各级党组织在教育对外开放战略目标、人才培养、干部管理等各项工作中的领导作用。

2016年7月,为贯彻《关于做好新时期教育对外开放工作的若干意见》和国家"一带一路"倡议的愿景与行动,教育部印发了《推进共建"一带一路"教育行动》。这是中国教育近40年开放发展以来从跟跑到并跑再到迈向领跑、走向世界教育舞台中心的路线图。在此引领下,我国各级教育部门、各类院校充分发挥开放主体作用,积极服务共建"一带一路"教育行动,扎实做好"一带一路"国际合作高峰论坛相关活动,继续推进省部共建备忘录签署工作,基本实现有关节点省份签约全覆盖。

教育对外开放的引擎是教育交流。党的十八大以来,党和国家高度重视人文交流,以教育交流为重要支撑的人文交流与战略互信、经贸合作一道,共同构成中国特色大国外交的三大支柱。2017年7月19日,习近平主持召开中央全面深化改革领导小组第三十七次会议审议通过的《关于加强和改进中外人文交流工作的若干意见》,强调将人文交流理念贯彻到对外交往的各个领域,彰显中国特色、中国风格、中国气派,促进中外民心相通和文明互鉴。该《意见》的出台,标志着我国人文交流事业在经历10余年努力基本完成全球布局之后进入内涵发展的新阶段。

随着一系列统筹推动教育改革发展、做好教育对外开放工作的新理念新思想新战略的提出,顶层设计不断加强,全方位、多层次、宽领域的教育对外开放总格局已经形成,中国教育国际竞争力、影响力显著增强,教育对外开放为更好满足人民群众多样化高质量教育需求,为做强中国教育、服务党和国家工作大局做出了巨大贡献。

二、追求更高水平、更可持续的对外开放

坚持以开放促改革促发展促创新,是新时期教育对外开放事业的基本定位,也充分体现着我国对外开放战略的根本宗旨。党的十八大以来,我国教育对外开放在促进改革发展、做强中国教育的过程中从注重规模到提升质量,从重在输入到扩大输出,教育开放发展的层次和水平持续提升。

出国留学是我国培养优秀人才、服务国家战略、赶超发达国家的重要

途径。党的十八大以来，我国出国留学规模稳步扩大，比五年前增长了36.26％；逾九成留学人员赴美、英、澳等主要发达国家学习，攻读本科以上学历的占七成；国家公派出国留学规模快速增加，五年总人数超过11万人，仅2016年派出人数就比五年前增长了1.2倍；国家加大对优秀自费留学生的奖励资助力度，在自费留学人员中取得了良好效果。

与此同时，强调"发挥作用"的新留学方针吸引我国留学回国人数持续增长，人才加速回流态势已经形成。国家公派出国留学人员回国率超过98％，为现代化建设培养了一大批急需紧缺人才。留学回国人员已经和正在成为我国各条战线不可或缺的生力军。

来华留学在培养知华友华杰出人才、深化人文交流、提升国家软实力、促进文明交流互鉴中发挥的作用越来越大。我国各级政府和高等院校积极实施《留学中国计划》，在世界经济回升乏力、前景不明的条件下，实现了来华学习人数的逆势上扬。2016年，来自205个国家和地区的40多万人次留学生在华学习，比2012年增长了35％；学历生达21万人，占总数的47.4％，比2012年提高了7个百分点；学科分布上突破了以汉语为主的格局，相较于2012年，教育学、理学、工学、农学学生数量增幅超过100％。我国成为亚洲最大、全球第三的留学目的地国。在努力扩大留学生数量的同时，我国也越来越关注提高留学生教育和服务质量的问题。

中外合作办学是实现"不出国门留学"、培养优秀人才的重要手段，也是借鉴世界经验、引进优质资源的试验田。截至2017年4月，我国共有各类中外合作办学机构和项目2543个，合作覆盖36个国家和地区，本科以上二级机构和项目1212个，涉及理工、农医、人文社科等12大学科门类200多个专业，已培养毕业生55万人，丰富了我国优质教育资源供给。中外合作办学既满足了人民群众多样化的需求，又发挥辐射作用，为我国课程教学、办学体制机制改革提供了可资观察、研究和借鉴的模板，已从高等教育的有益补充发展成为高等教育新的增长极和建设高教强国的推动力量。

"吸引更多世界一流的专家学者来华从事教学、科研和管理工作"是以开放促教育发展的重要途径。近年来,我国积极实施"春晖计划"等项目,还向近万名留学回国人员提供科研启动经费,让他们在高等院校,特别是中西部院校安心科研、大展宏图。同时,我国还大力推进"海外名师项目"和"学校特色项目",让更多的世界一流教师学者走进我国高校,让我国更多的学生能够在他们的教学科研活动中受益。目前,全国除了教育部直属高校,还有近 200 所地方和行业高校近 400 个项目受惠,大大提高了高校教师的国际化水平。中共教育部党组印发《关于加快直属高校高层次人才发展的指导意见》,明确要求直属高校今后在加强海外高层次人才引进时,要突出"高精尖缺"导向。围绕"一流大学和一流学科"建设,重点引进活跃在国际学术前沿、满足国家重大战略需求的一流科学家、学科领军人物和创新团队、高层次青年人才和急需紧缺青年专门人才。可以预见,一系列加强海外高层次人才引进、充分发挥海外高层次人才作用的政策出台,必将进一步提升我国高校师资的国际水平,加快我国建设世界高等教育强国的步伐。

五年来,我们统筹推进世界一流大学和一流学科建设。我国高校在世界多项大学排行中位次整体大幅前移,部分学科已达到或接近世界一流水平。目前,我国已与 47 个国家和地区签署学历学位互认协议。2016 年成为本科工程教育国际互认协议的正式成员,标志着我国的工程教育质量得到国际认可。

五年来,我国高水平教育机构境外办学迈出实质性步伐,成为积极探索我国教育"走出去"的有益途径。截至 2017 年 4 月,我国高校已在境外举办了本科以上办学机构和项目 102 个,分布在 14 个国家和地区,开设了中国语言文学、中医药、中医针灸、中国传统武术等一批具有中国特色的专业学科。

五年来,我国大力加强孔子学院建设,着力提高办学质量和水平。孔子学院综合文化传播功能进一步拓展,为推进中国同各国人文交流、促进多元多彩的世界文明发展做出了重要贡献。截至 2017 年,我国已在 140 个国家和地区开办了 500 多所孔子学院和 1700 多个孔子课堂。各国孔子学院举办了丰富多彩的文化活动,受众超过 1300 万人;汉语国际推广成绩显著,目前有 60 多个国家和地区将汉语教学纳入国民教育体系,170 多个国家开设汉语课程或汉语专业,全球汉语学习人数达 1 亿人。同时,我国非通用语种人才培养明显提速,高校开设非通用语种专业数量现已达到 94 种,实现所有已建交国家官方语言全覆盖。这不仅将满足我国做好对外开放工作的战略急需,也是我国学习、借鉴、尊重多元文化与文明成果的有力彰显。

在教育对外开放大繁荣大发展的形势下,中国特色新型教育智库对开放发展的人才和智力支撑作用越来越凸显。近年来,我国不失时机地成立教育开放发展的各种专家咨询委员会和行业分支机构,依托高校和科研机构努力构建覆盖所有建交国家的国别与区域研究中心。目前,我国已率先实现"一带一路"国别和区域研究机构全覆盖。这些为我国做好对外开放、推进"一带一路"建设、建设中国特色的大国外交提供了大量有质量、高水平的决策咨询服务,也为提高我国新时期教育对外开放理论研究水平提供了有力支持。

三、推进共建"一带一路"教育共同体

推进共建"一带一路"是党的十八大以来我国治国理政的重大方略,教育领域则肩负推进共建"一带一路"教育行动、构建"一带一路"教育命运共同体的特殊使命。教育部印发的《推进共建"一带一路"教育行动》(以下简称《教育行动》),是国家《关于做好新时期教育对外开放工作的若干意见》

(以下简称《若干意见》)的配套文件和《推动共建丝绸之路经济带和21世纪海上丝绸之路的愿景与行动》(以下简称《愿景与行动》)在教育领域的落实方案,为推进共建"一带一路"教育共同体指明了具体方向和行动路线。

开放对于中国具有特殊的意义。从历史看,丝绸之路兴盛的时期,也是中国最开放的时期;从现实看,中国改革开放40多年辉煌发展的历程证明,对外开放始终是我国经济持续快速发展的重要动力。习近平同志在2016年8月17日推进"一带一路"建设座谈会上强调指出,一个国家强盛才能充满信心开放,而开放促进一个国家强盛。随着我国经济总量跃居世界第二,随着我国经济发展进入新常态,要继续保持中国持续健康发展,就必须树立全球视野,以更开放的姿态面向世界;必须以开放促改革、促发展、促创新,更加自觉地统筹国内国际两个大局,全面谋划全方位对外开放大战略,以更加积极主动的姿态走向世界,巩固和提升我国的国际地位。

"一带一路"倡议正是新一届中央领导集体基于历史和现实提出的治国理政的重大方略,必将持续引领新时期的对外开放发展。党的十八大以来,党中央着眼于未来一个时期的发展,逐步明确了"一带一路"、京津冀协同发展、长江经济带发展这三项大的发展战略。有关地方和部门也相继出台了配套规划,"一带一路"倡议逐步在国内外引起强烈反响。据统计,目前,已经有100多个国家和国际组织参与其中,我国与30多个沿线国家签署了共建"一带一路"合作协议,与20多个国家开展国际产能合作,联合国等国际组织也态度积极,一批有影响力的标志性项目逐步落地。

教育在共建"一带一路"中具有基础性和先导性作用。"一带一路"倡议为推动沿线国家教育开放合作提供了重要契机。沿线国家加强教育交流合作,既是共建"一带一路"的重要组成部分,又为共建"一带一路"提供人才支撑。

积极推进"一带一路"教育交流合作,需要加强顶层设计,明确落地举措。《愿景与行动》强调,共建"一带一路"要促进人文交流和民心相通。

《若干意见》提出,要"完善教育对外开放布局,充分发挥教育在'一带一路'建设中的重要作用",并将"实施'一带一路'教育行动,促进沿线国家教育合作"纳入重点工作领域进行专门部署。《教育行动》更是从教育使命、合作愿景、合作原则和合作重点等方面为积极推进"一带一路"教育交流合作明确了工作指南和行动路线图。

当前,我们要与"一带一路"沿线国家展开紧密合作,聚力构建"一带一路"教育共同体,努力形成平等、包容、互惠、活跃的教育合作态势,促进区域教育共同发展,全面支撑共建"一带一路"。共同致力于开展更大范围、更高水平、更深层次的人文交流,不断推进沿线各国人民相知相亲,持续促进民心相通。我们要培养大批共建"一带一路"急需人才,特别是培养一批为我所用的非通用语种人才,既掌握专业技能又懂外语的综合性人才和涉外法律、国际会计等复合型人才,为沿线各国实现政策互通、设施联通、贸易畅通、资金融通提供人才支撑。我们还要发挥地方区位优势和院校学科优势,推动教育深度合作、互学互鉴,携手促进沿线各国教育共同发展,全面提升区域教育影响力。

推进"一带一路"教育交流合作,助力形成早期成果,有赖于中央政府引导推动,地方政府重点推进,各级学校有序前行,社会力量顺势而行。特别是各级各类学校积极响应与行动,整合优质资源"走出去",选择优质资源"引进来",努力提升教育国际化水平和服务共建"一带一路"的能力,是我们成功推动共建"一带一路"教育行动进程中的关键要素。

合作交流是共建"一带一路"教育共同体的主要方式。通过教育合作交流,培养高素质人才,推进经济社会发展,提高沿线各国人民生活福祉,是我们共同的愿望。通过教育合作交流,扩大人文往来,筑牢地区和平基础,是我们共同的责任。

四、助力构建人类命运共同体的引领作用更加凸显

在全球治理时代,伴随着中国正逐步走向世界舞台的正中央,中国也开始积极参与全球教育治理。截至 2017 年,我国与世界上 188 个国家和地区建立了教育合作交流关系,与 46 个重要国际组织开展教育合作交流,为促进人类文明交流互鉴、积极构建全球教育命运共同体和人类命运共同体做出了积极贡献。

我国不断拓展人文交流的深度和广度。2000 年,中国与俄罗斯建立中俄教文卫体合作委员会至今,中外高级别人文交流机制从无到有、从小变大。党的十八大以来,在原有基础上新拓展建立了中法、中印尼、中南非、中德等人文交流机制,建成近 10 个副总理级人文交流机制,涵盖教育、科技、文化、卫生、体育、广电、媒体、旅游、妇女、青年、档案、地方合作等多领域,推动我国逐步形成了高层支持、官民并举、多方参与的中外人文交流格局。教育交流在人文交流机制中发挥了日益重要的作用。仅 2016 年,以中美、中俄、中英、中法、中欧、中印尼等为代表的高级别人文交流活动,共签署了 86 项合作协议,取得了 400 余项成果,设置并研讨了一系列中外共同关切的教育议题,带动双边多边教育交流合作的纵深发展。

我国积极深化多边教育合作,提升与国际组织的合作水平,以负责任大国的态度,积极参加联合国教科文组织、世界银行等国际和区域性政府间国际组织的相关教育活动,参与和推动国际组织教育政策、规则和标准的研究制定工作。我国教育人士进入国际组织担任要职,积极参与国际组织重大教育行动,在国际教育规则、标准、评价体系等方面主动发起或设置议题,不断深化与国际组织的合作,推动教育共同体的建设,中国教育的国际影响力显著提升。同时,我国积极承办了世界语言大会、国际教育信息化大会、国际职业技术教育大会等国际高端会议,凸显了中国教育的影响

力和竞争力。

我国尝试以多种方式参与其他国际组织的活动，甚至创建新的国际教育和学术组织，不断提升中国教育的国际影响力。例如，设立联合国教科文组织高等教育创新中心、金砖国家大学联盟、APEC 高等教育研究中心等参与全球与区域教育治理的机构或平台；牵头或参与制定了《中国—中东欧国家高校联合会成立宣言》《APEC 教育战略》等一批教育合作交流国际公约，协调世界银行编写了《关于国际教育趋势及经验的政策建议》；积极开展跨境教育质量认证与保障合作，探索建立教育领域的"中国标准"和中国教育的国际质量标准体系；通过与国际组织合作设立教育基金、奖项等，积极推动全球教育发展，提升了我国在教育领域的国际话语权和影响力。

对外教育援助成为我国承担国际责任和义务的重要体现。在原有双边合作援助的基础上，我国先后形成了一批多边教育合作与对外援助的品牌，确立了"以人为中心"的援助理念，突出扶助弱者，立足培养人才，开展一体化援助。获得我国政府资助和高校支持的合作交流项目也逐年增加，越来越多的发展中国家和"一带一路"沿线国家成为我国对外教育援助的受益国，越来越多的学生和教育工作者成为我国对外教育援助的受益人。

总之，党的十八大以来的五年，我国教育对外开放事业布局优化、推进有序、成效显著，助力现代化教育事业在中国特色社会主义伟大旗帜的指引下焕发出强大的生命力，为中华民族伟大复兴和构建人类命运共同体做出了重要贡献。

第五章　透视中国高等教育国际化

回望新中国 70 多年壮丽发展历程,高等教育国际化走出了一条从学习跟跑迈向并跑领跑的中国特色之路,为建成中国特色、世界水平的高等教育强国,更好地服务支撑教育现代化和国家现代化战略目标实现的新征程奠定了坚实的基础。[①] 本章分别从历史和研究两个视角,并辅以高等师范院校教育研究国际化案例,分析新中国高等教育国际化演进历程、研究现状和未来方向。

一、高等教育国际化的历史之维

中国高等教育国际化(也称高校对外教育交流与合作、高等教育国际交流与合作、高等教育对外开放等),可以理解为把国际的、跨文化的、全球的或比较的维度,融入高校人才培养(教育教学)、科学研究、社会服务、文化传承和创新、国际交流与合作等的全程,以培养现代化建设所急需的高水平国际化人才、促进教师和校长能力建设、提高学校治理能力、服务民族复兴、促进民心相通、助力文明互鉴和世界进步的过程。它是培养高层次人才、服务国家战略的重要途径,也是深化中外人文交流、提升国家软实力的重要载体,还是多样文明交流互鉴的重要方式和国家开放包容的重要

---

① 熊建辉. 高等教育国际化:从学习跟跑迈向并跑领跑[J]. 中国高等教育,2019(19):7-9.

体现。

回望 70 多年来高等教育国际化事业发展历程,从新中国成立之初规模较小、领域狭窄的单线人员交往为主(1949—1977 年)到改革开放后作为国家对外开放事业的重要组成部分(1978 年至今),经历了 20 世纪七八十年代全面恢复,到 21 世纪以来在国内外良好环境下的迅速发展,再到如今全方位、多层次、宽领域的发展态势,可以说,我国高等教育在开放中诞生、在开放中发展壮大、在开放中逐步走近世界舞台的中央。不同时期、不同历史境遇下的高等教育对外开放既是根植于当时政治经济特征和社会主旋律的历史踪迹的反映,也是与我国高等教育自身发展、整个国家教育现代化事业发展从大起来到强起来相适应、与世界高等教育国际化发展的共同趋向相呼应的过程。① 回溯 70 多年求真之历程,既可以总结历史、说明现在,也能够探索规律、启示未来。概括来说,70 多年来我国高等教育国际化的基本内涵与外在形式不断扩展,呈现出比较明显的七个阶段的主题。

(一)学习跟跑:在以苏联为师的背景下起步(1949—1960 年)

新中国成立之初,百废待兴。为满足国家大规模经济建设和提高自身人才培养能力的需要,整个国家的教育体系从"以苏联为师"中起步,对内从理论到学制、学校教育、教学过程、教材、方法等全盘移植"苏联经验",对外向苏联和东欧社会主义国家派遣留学生学习先进技术,尤其与苏联开展全方位的教育交流与合作。与此同时,大力吸引新中国成立前出国留学生回国工作。新中国成立之初,留学生群体成为新中国科学技术发展的中坚力量,做出了名垂青史的贡献。这一阶段的高等教育国际化主要是与苏联等社会主义阵营国家的零星、单线和相对封闭的人员流动,来华留学的规模与出国相比要小得多,主要是越南、朝鲜等周边国家留学生来学习文化、

---

① 于富增,江波,朱小玉. 教育国际交流与合作史[M]. 海口:海南出版社,2001:序言.

语言、农学等，且场所集中在北京、天津等地的 10 余所高校。

（二）曲折前进：拓展与其他国家的交流（1961—1965 年）

20 世纪 50 年代末到 60 年代初，国内遭受严重自然灾害，经济陷入困境，国外受中苏关系恶化的影响，与苏联、东欧国家的教育交流中断。在毛泽东同志《论十大关系》中指出的"发展与其他国家关系"指导下，国家开始通过加强国内英语教育、建立研究外国问题和外国教育的基地、派遣学生赴西方国家学习外语等举措拓展与其他国家的交流。与此同时，国家召开了一次来华留学工作会议，出台了新中国成立以来第一份有关来华留学生管理工作的法规性文件——《外国留学生工作试行条例（草案）》；召开了两次出国留学工作会议，在总结新中国成立以来经验的基础上将出国留学人员的工作方针从"根据国内的建设需要学习苏联的先进技术"调整为"专业上保证重点、兼顾一般；保证质量、研究生为主；满足短期需要也要兼顾长远"。这一阶段，来华留学生规模扩大且来源国多样化，除建交国派遣留学生来华外，亦有未建交国家通过民间渠道来华访问，还首次接受了非洲留学生。对外教育援助也开始启动，主要集中在越南等周边国家以及非洲部分国家，帮助这些国家发展教育、学习汉语等。

（三）挫折困顿：突然停滞与恢复性发展（1966—1977 年）

"文革"期间，国内教育遭到严重破坏，教育对外交流陷入停滞；对外方面，与美国的关系逐渐缓和，在联合国的合法席位得以恢复且迎来了一次建交热潮。20 世纪 70 年代初开始，尽管"文革"仍未结束，但教育对外交流已经有了恢复性发展，一方面应外交需要开始派遣留学生赴国外学习外语，且第一次派遣教育代表团出访美国、英国、澳大利亚等发达国家；另一方面来华留学和来华教育访问的国家尤其是发达国家明显增多。以法国一所高等学校安排学习中文的学生自费到北京语言学院（现北京语言大学)交流为标志,自费来华留学也在这一阶段登上了历史舞台。

(四)开放驱动:服务国家改革开放(1978—1992年)

1978年,国内开启改革开放伟大征程,在"三个面向"思想的指引下,摆脱了前期仅靠人员流动带动国内发展的局限,通过拓展战略布局、丰富内容形式,迈入了服务国家改革开放与开启院校层面的开放交流"双引擎"的新局面。以解决现实问题为导向、完善制度规范与组织机制建设成为新阶段高等教育国际化的"先手棋"。1981年,出台了《国务院关于自费出国留学的暂行规定》,提出"按需派遣、保证质量、学用一致"的留学工作方针,赋予自费出国和公费出国政治上一视同仁的地位。1986年,成立中国留学服务中心,在国外陆续设立驻外使领馆教育处(组)。同年12月,国务院出台《关于出国留学人员工作的若干暂行规定》,连同1987年国家教委印发的五个关于公派留学的《管理细则》,一起构成了沿用至今的覆盖出国留学事务方方面面的管理体系。这一阶段,高校层面对外交流的自主性和独立地位开始显现,以南开大学1980年组织召开明清史国际研讨会为标志,国内开始举办国际学术会议;中外高校之间开始开展学术研究合作;越来越多的学校开始与国外高校建立校际交流关系;外籍教师来华任教的学科逐渐多元,中国学者也开始"走出去"任教。多边教育交流合作机制开始启动,以1978年教育部、文化部、中国科学院与联合国教科文组织签署第一份备忘录为标志,中国正式开启与联合国教科文组织、世界银行等多边组织的教育交流合作。此外,1981年成立的中国教育国际交流协会、1987年成立的世界汉语教学学会等民间、半官方的教育国际交流专门组织为教育对外开放开辟了新渠道。汉语推广也在这一时期取得显著进展,世界汉语教学学会、汉语水平考试(HSK)的诞生,使对外汉语推广工作逐步走向科学化、规范化和标准化。

（五）政策引导：制度完善推动规范发展（1993—2008 年）

20 世纪 90 年代,我国教育立法工作取得重大进展,一系列影响中国教育发展方向的重大战略与政策出台,高等教育国际化在政策引导和制度完善中走向规范发展。1993 年的《中国教育改革和发展纲要》强调要"进一步扩大教育对外开放";1995 年颁布的《中华人民共和国教育法》对"教育对外交流与合作"专设一章,作出一系列具体规定;1998 年颁布的《中华人民共和国高等教育法》对高校层面的对外交流进行了更细节的规定。这一时期,留学事业走上良性循环的轨道。出国留学方面确立了"支持留学、鼓励回国、来去自由"的工作方针。国家教委印发《关于自费出国留学有关问题的通知》,进一步放宽自费出国留学政策。1996 年,成立国家留学基金管理委员会,使来华和出国留学在招生、选派和管理方面走上制度化、规范化和法制化轨道。以国务院 2003 年颁布《中华人民共和国中外合作办学条例》为标志,连同之后的《中华人民共和国中外合作办学条例实施办法》等一系列文件的陆续出台,政策顶层设计不断完善,有力强化了合作办学的规范管理,为提高合作办学的质量水平和可持续发展能力提供政策保障。与此同时,高校层面的对外交流合作在"211 工程""985 工程"等重大质量工程的进程中开始向办学理念、人才培养和科学研究等具体过程中延伸。高等教育国际化的机制建设也有了新进展。

（六）院校主导：适应现代高校体系的国际化模式基本成型（2009—2015 年）

经历了 20 世纪 90 年代以来的改革探索,高等教育进入重心下移、分类推进、内涵发展时期,国家角色由行政主导转为以政策引导为主的宏观指导,高等教育国际化迈入院校主导的、展现高校对外开放多元目标和多层次发展的新模式。

从教育规划和战略来看,《国家中长期教育改革和发展规划纲要(2010—2020 年)》关于高等教育对外交流的要求涵盖了办学、教育教学、科学研究等多方面。2014 年,国务院出台《关于加快发展现代职业教育的决定》,为高职院校服务企业国际化的战略布局与国际人才培养提供了框架和路径。2015 年,国家颁布《统筹推进世界一流大学和一流学科建设总体方案》,要求"推进国际交流合作,加强与世界一流大学和学术机构的实质性合作,加强国际协同创新,切实提高我国高等教育的国际竞争力和话语权"。

从院校实践来看,国际化也已成为不同类型、不同层次的高等院校发展的核心理念之一。如研究型大学的世界一流目标、应用类本科院校注重与国(境)外应用技术大学合作、高职院校的复合型发展定位等。国际教育供给方面,"引进来"以华东师范大学与纽约大学合作设立的上海纽约大学以及武汉大学与杜克大学合作成立的昆山杜克大学为代表,中外合作大学体制机制创新有了新进展;[①]"走出去"以老挝苏州大学、同济大学佛罗伦萨校区以及清华大学华盛顿大学西雅图全球创新学院为典范,中国高等教育境外办学有了新突破。与此同时,高等职业院校也纷纷开始关注自身的国际影响与国际竞争力。

(七)国家行动:推动高等教育国际化现代模式升级(2016—2019 年)

2016 年进入"十三五"规划时期,落实"创新、协调、绿色、开放、共享"理念,"发展更高层次的开放型经济"成为社会经济发展对外开放的诉求。国家"十三五"规划提出,国际交流与合作需要"推进共建'一带一路'教育行动,实施留学行动计划,继续办好孔子学院"。2016 年,中办、国办印发

---

① 教育部中外合作办学监管工作信息平台. 由地方审批报教育部备案的机构及项目名单[EB/OL]. (2019-04-12)[2019-07-18]. http://www.crs.jsj.edu.cn/index/sort/1008.

《关于做好新时期教育对外开放工作的若干意见》系统设计了高等教育对外开放的战略内容,并强调教育对外开放配合"一带一路"倡议的内容要点。随后,教育部印发《推进共建"一带一路"教育行动》,强调将高等教育国际化上升为服务国家"一带一路"倡议的重要推手。高等教育国际化与国家重大战略的结合,不仅提升了自身的地位和影响力,也通过国家行动的快车道加速自身模式的升级。

　　我国在以前相当长时期内是人才输出国,在"支持留学、鼓励回国、来去自由、发挥作用"的新时期留学方针指导下,如今在发达国家求学后返回中国就业成为一种普遍趋势,归国人才数量持续增加、中国高等教育自身人才培养能力不断上升,使中国学术界初步具备了与主流学术系统直接对话的学缘联系和人才基础。在来华留学方面,接收留学生规模继续扩大且向着高层次高质量发展。2018 年,共有来自 196 个国家和地区的 492185 名各类留学人员在全国 31 个省(区、市)的 1004 所高等院校学习,其中学历教育占比 52.44%,中国政府奖学金生占比 12.81%,自费生占比 87.19%。[①] 此外,我国已与 47 个国家和地区签署学历学位互认协议。2016 年,我国成为本科工程教育国际互认协议的正式成员,标志着我国的工程教育质量得到国际认可。我国也开始积极参与全球教育治理,不仅与 188 个国家和地区建立了教育合作交流关系、与 46 个重要国际组织开展教育合作交流,还以多种方式参与国际组织活动、创建新的国际教育和学术组织,不仅积极推动了全球教育发展,也提升了我国在教育领域的国际话语权和影响力。

　　70 多年的实践,高等教育国际化为开启新时代办好既面向世界又扎根中国大地的中国高等教育,建成中国特色、世界水平的高等教育强国,更好地服务支撑教育现代化和国家现代化战略目标实现的新征程奠定了坚

---

　　① 教育部. 2018 年来华留学统计[EB/OL]. (2019-04-12)[2019-07-15]. http://www. moe. gov. cn/jyb_xwfb/gzdt_gzdt/s5987/201904/t20190412_377692. html.

实的基础。展望未来，高等教育国际化发展在战略上需要更加明确"两个服务面向"的时代主题，需要根据时代需求完善顶层设计和制度安排；实践上需要重点关注双向留学的效益、以质量为中心的国际化品牌工程及多边性的国际合作平台建设等方面内容，推动形成与新时代国家现代化建设和高等教育现代化进程相适应的高等教育国际化发展的新范式。

二、高等教育国际化的研究之维

新中国成立 70 多年，特别是改革开放 40 多年来，在从封闭半封闭走向全面开放的中国高等教育发展历程中，高等教育国际化始终与高等教育现代化相向而行，坚持以我为主、兼收并蓄，扎根本土、面向世界，取得了举世瞩目的历史性成就。在过去的 70 多年的历程中，不同时期的高等教育国际化在发展内涵、涉及领域和内容、作用和影响力等方面都不尽相同。回顾我国高等教育国际化 70 多年的发展历程，梳理总结其成绩和经验，对我们更好地扎根本土、以我为主，把握好新时代中国高等教育国际化发展的战略方向和创新路径、更好地服务支撑做强中国高等教育、服务强国建设具有重要的意义。本部分通过 CiteSpace 软件，对新中国有关高等教育国际化的研究文献（1949—2019 年）进行分析，发现这 70 年来高等教育国际化研究具有六个方面的特点：从研究作者看，该领域的研究人员众多，有突出贡献的作者数量可观；从研究机构看，不同机构都有关于高等教育国际化方面的研究，主要以教育类研究机构为主，高校是高等教育国际化研究的主要阵地；从研究内容看，热点主题有高等教育、人才培养、留学生、经济体制、国际化等；从合作程度看，无论是作者之间还是机构之间，合作水平和程度都有待提升；从发展模式看，我国高等教育国际化发展从以最初的单向学习借鉴模式为主演变为以双向互惠、均衡流动为主；从研究热点的发展趋势看，高等教育国际化大体上经历了五个不同的发展阶段。基于以上发现,本书提出新时代中国高等教育国际化发展应更加注重机构和人员之间的深度合作、更加聚焦国际化内涵发展和质量提升、更加迈向更高水平更可持续方向,为做强中国高等教育、服务国家现代化建设、提升中国国际影响力,更好助力服务人的全面发展、民族复兴、强国建设和文明互鉴、人类进步。

(一)研究背景

关于新中国70多年高等教育国际化研究的数据十分庞大。传统的文献研究方法中,研究者需要阅读相关领域的几乎所有文献,然后从大量的文献中筛选出重要的文献,再根据自己的专业知识对文献进行分析。这一研究方法有其优点,但对重要文献的筛选无法逃避个人的主观判断,很可能会产生错误或以偏概全的研究结论。与此同时,随着大数据时代的到来,文献不仅以海量的形式呈现,而且内容和主题也十分丰富,要客观地对这些文献进行严谨分析,传统的人工研究方法显得难以胜任。因此,对海量的数据分析用更直观、更全面的知识图谱方式呈现,在近年越来越受到学界的欢迎。在教育研究领域使用知识图谱的目的在于,将教育领域的知识和引人瞩目的信息以可视化的图像直观地表现出来,挖掘、分析和显示教育领域知识及其联系,判定教育领域的研究前沿及历史演进路径,为后续科研选题和研究走向提供合理性的意见和建议。[①] 基于这一认识,本部分运用 CiteSpace 软件,从研究作者、研究机构、研究热点和研究趋势四个方面对新中国70年高等教育国际化研究文献进行分析,以期全面了解高等教育国际化的发展演进情况,为未来可持续研究和高等教育国际化理性发展提供参考。

---

① 郭文斌.知识图谱:教育文献内容可视化研究新技术[J].华东师范大学学报(教育科学版),2016(1):45-50,114.

(二)研究方法

本研究所采用的研究工具为 CiteSpace 软件。这款一软件是 2004 年美国德雷塞尔大学陈超美博士开发的一种知识图谱软件,能够直观地展现出最前沿领域和学科知识的信息汇聚点,从宏观、中观、微观等不同层面来揭示一个领域或学科的发展概貌,使人们便于全面审视一个学科的结构和研究热点、重点以及研究热点、发展趋势等信息。①

在研究数据收集与处理方面,本研究的数据主要来源于中国知网(CNKI)。由于以"高等教育国际化"为主题在 CNKI 上进行文献检索时无法查询到 1979 年以前的文献,为保证数据的完整性,本研究中 1949—1979 年的文献主要来源于超星期刊数据库。在 CNKI 上,以主题"高等教育国际化"、发表时间 1979 年 1 月 1 日到 2019 年 7 月 1 日进行文献搜索,共得文献 5815 条,经过人工剔除报告、会议、摘要、访谈、人物简介等文献,最终获得 5593 条无交叉或重复的可用文献。从超星期刊数据库以主题"高等教育国际化"、发表时间 1949 年到 1979 年进行文献搜索,同样经过人工剔除筛选之后,共获得无交叉或重复的可用文献 63 条。将这些文献以 Refworks 格式导出,再用 CiteSpace 进行转换,最后导入 CiteSpace 5.4.R3(32-bit)中,供后期相关内容分析。

在 CiteSpace 参数设置方面,本研究将收集到并经过处理的文献导入 CiteSpace 软件中,并对相关的参数进行设置。其中,时间跨度(Time Slicing)为 1949—2019 年;时间分区(Year per Slice)为五年;术语来源(Term Source)包括标题(Title)、摘要(Abstract)、作者关键词(Author Keyword)和增补关键词(Keywords Plus);术语类型(Term Type)为名词术语(Noun Phrases);节点类型(Node Type)包括作者(Author)、机构

---

① 郭文斌,陈秋珠.特殊教育研究热点知识图谱[J].华东师范大学学报(教育科学版),2012(3):49-54.

(Institution)和关键词(Keyword);频率选择(TopN)为 $N=50$(选取每年出现频率前 50 的关键词和主题词);网络裁剪(Pruning)采用寻径裁剪法(Pathfinder)。若无特别提出,本研究中的后续研究及其分析都是基于该参数设置。

(三)结果分析

1. 高等教育国际化研究作者

研究发现,新中国成立以来的 70 年间研究高等教育国际化的人员数量较为庞大,有突出贡献的核心作者也不少,这表明高等教育国际化研究在教育国际化研究中始终是一个热点。在高等教育国际化研究的作者群体中,发文量排在前十位的分别为买琳燕、刘伟、庄汉文、陈昌贵、王留栓、熊建辉、王涛、胡亮才、李联明、杨德广。70 年间从事高等教育国际化研究的作者中,相互之间有合作关系的人数占比并不多,大部分作者都是以个人独立撰写的形式进行高等教育国际化研究。不过,近年来作者间的合作数量呈上升趋势,这表明越来越多的作者已经意识到相互合作的重要性。同时,在有相互合作的作者中,大部分作者的合作对象都很单一,只有少部分作者有多个合作对象,如伍宸、熊建辉、陈昌贵、宋永华、李娜等;也有少部分作者间形成了一个合作团队,但是有的合作团队的姓名并未显露出来,说明虽有合作团队,但是在高等教育国际化研究中,团队合作的成果体现度并不高。

2. 高等教育国际化研究机构

高等教育国际化的发展与研究机构息息相关。研究发现,厦门大学教育研究院、浙江大学教育学院、中国教育科学研究院、华南师范大学教育科学学院、北京师范大学国际与比较教育研究院等机构在高等教育国际化领域的贡献量很大,这些机构对高等教育国际化进行的研究很多。从时间上看,首先,最早从事高等教育国际化研究的机构是中国教育科学研究院。经查阅资料发现,中国教育科学研究院的前身是1941年设立的中央研究院中国教育研究室和新中国成立之后的中央教育科学研究所。这一机构自成立起,培育出了大批教育研究人才,同时该机构立足全局,注重理论联系实际,学习借鉴西方经验,从而产生能够影响教育政策、理论和实践的显著成果,对高等教育国际化的发展做出了突出贡献。其次,在20世纪七八十年代,也有相关机构进行了高等教育国际化的研究,但是研究成果并不突出。最后,到了20世纪90年代后期尤其是进入21世纪后,从事高等教育国际化研究的机构数量明显增多,而且研究成果颇丰。学术机构之间的合作研究对获取科研信息、共享研究资源、培育复合型人才、在重要学科领域实现跨越式发展以及取得学科突破等方面具有重要的意义。[1]从事高等教育国际化研究的机构有很多,但是机构之间的合作关系并不多。绝大多数机构都是单独展开相关研究,只有少部分的机构之间有合作的关系。其中,浙江大学、华东师范大学、北京师范大学等机构同时与多所机构进行了相关的合作,不仅促进了高等教育国际化新的发展,同时也提高了各自研究机构的能力,所形成的成果相对其他机构来说占比更多。

对于机构而言,发文最多的机构是厦门大学教育研究院,为45篇,通过利用"平方根定律"公式,可计算出 $N=5.02$。因此,属于核心的机构为发文量大于或等于6的机构。经统计,所有核心机构均来自高校,共38所。其中,师范类大学达50%,为19所;综合性大学10所,职业学院4所,外国语学院3所,其他(包括国际商学院和课程与教学系)2所。从各机构的类别可以看出,在高等教育国际化的研究中,由于教育类机构本身就是为教育服务,在人力、物力等资源上优于其他机构,因此成为研究的主要阵地;高等职业教育作为高等教育必不可少的组成部分之一,在高等教育国际化进程中同样扮演着重要的角色。同样地,国际化的一个主要的特点就

---

① 谢彩霞.国际科学合作研究状况综述[J].科研管理,2008(3):179-186.

是对外交流与合作,交流是国际化的前提,这就需要掌握一定的外语能力,外语类院校在这一类人才培养中扮演着重要的角色,从而为推动高等教育国际化增添动力。从机构的分布来看,机构所在地分布排名前五的为北京、厦门、广州、南京、上海等地。从地点分布可以看出,高等教育国际化的研究主要集中在一、二线城市。这些城市由于地理位置优越,经济发达,拥有众多高等教育院校和人才,为高等教育国际化的发展准备了充足的条件,从而引领着全国高等教育国际化研究和发展趋势。

3. 高等教育国际化研究热点

关键词是对一篇文章的精练,代表着文章的核心思想。通过对关键词的解读,我们可以了解某一时期某一主题的研究内容以及研究热点。新中国 70 年高等教育国际化发展过程中,我国高校从最初的单一学习模式逐渐发展成双向均衡的全方位、宽领域、多层次模式,形成了诸多关键词。研究发现,教育领域的国际化进程始终受到广大学者的关注。而高等教育作为教育的最高层次,对高深学问的追求使得它不仅要进行文化传播,而且还需不断创新,不断追踪世界科技前沿,并得以蓬勃发展。[1] 因此,其国际化进程在整个教育领域中始终处于核心地位。

通过分析发现,某个关键词的中介中心性越高,对应的连线就越多,通过该关键词展开的研究就越多,与其他关键词的联系也越紧密,从而在一定意义上可代表该领域的研究热点;同时,关键词出现的频次越多,代表被研究的次数越多,也可视为该领域的关注热点。[2] 因此,关键词的中介中心性、频次的大小同样能体现热点领域。在 CiteSpace 中,频次的大小能够通过节点的大小直观判断,如上述所提到的高等教育国际化、教育国际化等。对于中介中心性,中介中心性大于或等于 0.1 的节点被定义为网络中

---

① 宋文红,朱月娥. 21 世纪中国高等教育国际化的思考[J]. 高等理科教育,2002(4):1-6.

② 任增元,张丽莎. 国际终身教职研究的热点主题与知识基础探析——基于 1916—2015 年 SSCI 数据库的文献计量研究[J]. 现代大学教育,2017(1):71-79.

的关键节点。[①②] 将中介中心性大于等于 0.1 的关键词整理统计最终得到 31 个关键词，而这些关键词包含了教育机构、国别、经济、政策、人才培养、国际化发展等诸多方面，说明新中国高等教育国际化 70 年发展历程所涵盖的内容丰富、范围广泛、领域宽广。

对所有的关键词进行聚类，最终得到下述九个聚类，分别为：♯0 高等教育、♯1 问题、♯2 人才培养、♯3 国际化、♯4 社会主义市场经济体制、♯5 苏维埃社会主义共和国联盟、♯6"双一流"建设、♯7 留学生和♯8 孔子学院。进一步对这些聚类的大小、S 值以及平均出现年进行整理，我们得到如表 5-1 所示结果。

其中，聚类大小对应每一个聚类所包含的关键词数量，S 值能够对聚类的同质性（homogeneity）和一致性（consistency）进行鉴定，从而决定聚类的质量，聚类中关键词同质性越近，S 值越接近 1。[③] 从表中的 S 值来看，这九个聚类的同质性和一致性都很强。平均年是结合关键词对应文献出现的年份取平均值得来的。这些聚类表明，在高等教育国际化发展的 70 年进程中，研究的热点主要围绕以上几类进行。因此，我们在后文高等教育国际化的发展趋势中，将主要针对以上九个聚类进行分析，从而探索高等教育国际化 70 年的发展演进情况。

表 5-1　中国高等教育国际化研究热点聚类主要信息（1949—2019 年）

聚类号	聚类大小	S 值	平均年	主要术语
♯0	28	0.747	1998	高等教育
♯1	27	0.884	2003	问题

---

① 陈超美.CiteSpaceⅡ:科学文献中新趋势与新动态的识别与可视化[J].情报学报,2009(3):401-421.

② 侯剑华.国际能源技术前沿热点领域演进的可视化[J].中国科技论坛,2008(11):140-144.

③ Chen C M, Hu Z G, Liu S B, et al. Emerging Trends in Regenerative Medicine: A Scientometric Analysis in CiteSpace[J]. Expert Opinion on Biological Therapy, 2012,12(5):1-16.

续表

聚类号	聚类大小	S 值	平均年	主要术语
♯2	22	0.763	2002	人才培养
♯3	21	0.846	1992	国际化
♯4	13	0.874	1990	社会主义市场经济体制
♯5	11	1	1984	苏维埃社会主义共和国联盟
♯6	7	0.958	2015	"双一流"建设
♯7	7	0.968	1993	留学生
♯8	7	0.863	2002	孔子学院

4. 高等教育国际化研究发展趋势

CiteSpace 可以通过时区视图(timezone),从时间维度将文献的更新和相互作用展示出来,同时能将聚类按照出现的先后顺序显示出来;而时间轴视图(timeline)则能够显示每一个聚类的影响时间范围以及具体涵盖哪些关键词。因此,我们可以结合时区视图和时间轴视图来研究 70 年高等教育国际化研究的发展演进趋势和变化。

研究发现,在所有九个聚类中,按照时间先后顺序依次出现的聚类是♯5 苏维埃社会主义共和国联盟、♯3 国际化、♯7 留学生、♯4 社会主义市场经济体制、♯0 高等教育、♯2 人才培养、♯1 问题、♯8 孔子学院、♯6 "双一流"建设。1949—1978 年并无相关关键词或聚类,其主要原因有二:第一,从 70 年文献发表的时间来看,绝大部分文献的发表时间都是在 1978 年改革开放以后,而新中国成立之后到改革开放前的 30 年里,无论是高等教育还是其他方面,涉及国际化的内容都不多。第二,对比 1949—1978 年文献的格式与 1978 年以后文献的格式发现,1949—1978 年的文献很少有摘要、关键词、参考文献等内容,而这些是 CiteSpace 软件进行分析的必要内容。CiteSpace 软件虽然能够将这些文献导入并进行分析,但信息缺少,导致最终缺少相关的内容,但并不表示没有相关文献,而对这一段时间的研究将主要针对这段时间内所发表文献的内容进行。

从所持续时间长度看出,与聚类♯0和聚类♯7相关的研究开始时间最早,这两大聚类持续的时间也很久,跨越近40年。其他持续时间较长的有聚类♯2、聚类♯3和聚类♯8,说明这些聚类在高等教育国际化的发展演进过程中,影响宽广,相关研究丰富。聚类♯5时间跨度十分短,说明这一聚类的研究是针对特定时期的特定内容,而随着时间的推移、研究内容的转变、研究重点的转移,这一聚类也就不再继续。聚类♯6的时间跨度也很短,但该聚类的起始年很晚,不过一直持续到现在,表明这一聚类的相关研究内容新颖,在未来高等教育国际化的发展中将会持续发力。进一步研究可以发现,我们可以大致将新中国高等教育国际化的发展演进趋势分为五个时期。

(1)起步探索和曲折发展时期(1949—1977年)。20世纪80年代中期之前,无论是在亚洲还是欧美,无论发展中国家还是发达国家,国际化在教育领域里实际上一直处于边缘状态。[①] 这一时期,无论是个体,还是组织、机构、国家等,国际化并未得到显著关注。人们对高等教育的关注则更偏向于高等教育本身。1950年,新中国成立后首次全国高等教育会议对中国当时高等教育的状况进行了全面的总结,包括高等学校的数量、分布、种类、各类学生人数、高等教育质量、教学内容以及存在的问题等,并指出当时的高等教育无法符合国家建设的需要,急需对高等教育进行调整和改造,明确规定了"以理论与实际一致的方法,培养具有高度文化水平,掌握现代科学技术的成就,全心全意为人民服务的高级建设人才"为新中国高等教育的方针任务。[②] 由于新中国成立初期的高等教育是从半殖民地半封建社会的旧中国发展而来,很多教育制度、教育内容、教学方法等都是半殖民地半封建的,因此从1949年到1965年这段时间,高等教育主要针对

---

① Callan H. Higher Education Internationalization Strategies:Of Marginal Significance or All-pervasive? [J]. Higher Education in Europe,2000(25).

② 马叙伦.五年来新中国的高等教育[J].人民教育,1954(10):18-20.

自身的发展,经历了从恢复整顿到初步发展的过程。

　　总体来说,中华人民共和国成立后的 17 年是社会主义建设的探索时期。这一时期,党和国家主要将教育看作是社会主义建设和社会主义改造的重要工具。因此,党和国家将重心放在培养能够为社会主义建设做出贡献的人才,同时希望通过教育来为社会主义改造服务。在新中国成立初期,刘少奇就表示:"苏联有许多世界上所没有的完全新的科学知识,我们只有从苏联才能学到这些科学知识,如经济学、银行学、财政学、商业学、教育学等。"①以此为契机,我国在人才紧缺的情况下,积极派遣学生去国外学习,借鉴他国经验,其中主要是学习借鉴苏联经验。这段时间,关于苏联教育的研究尤为突出,如 1951 年程今吾从苏联高等教育的发展和现状、高等学校的行政领导和教育实施、高等学校的科学研究工作和研究生培养以及苏联高等教育的行政机构和领导方法等四个方面对苏联的高等教育情况进行了详细的介绍。②A. A.福民和李敬永通过介绍高等教育改革的基本原则以及要点,说明资本主义国家高等学校专业划分比较笼统最终带来失业率高,然后提出苏联高等教育的改革主要是按照国家的建设需要,把空泛的划分转变成若干具体的专业,从而促进了国家的发展,进而表明要向苏联学习,使中国的高等教育改革能为国家建设服务。③此后,又有一系列学者纷纷对苏联的教育相关内容进行了分析,加之国家派遣一部分学者去苏联学习,学成后的学者们又纷纷返回国内进行社会主义建设和社会主义改造,促进了高等教育的进一步发展。至此,虽有派出学者进行访学和学习,但是这一时期的高等教育主要关注于培养社会主义建设所需人才,从而虽然有进行国际交流,但是高等教育国际化这一理念仍处于边缘阶段,并未引起关注。而从这一时期高等教育的内容来看,人们主要的关

---

　　① 教育部.中华人民共和国教育大事记(1949—1982)[M].北京:教育科学出版社,1984:4.
　　② 程今吾.苏联高等教育情况介绍[J].人民教育,1951(2):24-28.
　　③ A. A.福民,李敬永.苏联高等教育的改革——在京津高等学校院系调整座谈会上的讲话[J].人民教育,1952(9):10-11.

注点在苏联上。因此,聚类♯5苏维埃社会主义共和国联盟成为这一时期的代名词。

随后的1966年到1976年,中国人民饱受"文革"的影响,包括教育在内的各行各业都受到了巨大的损失。其中,高等教育受到的最大的影响来自1971年在全国教育工作会上通过的《纪要》,《纪要》决定取消高考制度,换成推荐上大学。这一错误政策的实施,使得高等教育走向低谷,并持续长达数年。这一状态直到1977年党中央决定重新恢复高考才得以结束。据统计,1977年冬和1978年夏,参加高考的人数是世界历史上最多的,报考总人数达到了1160万人。1977年恢复高考制度政策的实施,不仅改变了几代人的命运,尤其为我国在新时期以及以后的发展和腾飞奠定了良好的基础,也为高等教育国际化的发展打下了坚实的基础。

总结这一时期,我们发现,1949年到1977年近30年的时间里,高等教育国际化在我国始终处于边缘状态,这一时期的高等教育主要聚焦于自身整顿、发展与培养社会主义建设人才。但即便如此,相关政策尤其是恢复高考制度的实施,为高等教育的国际化发展奠定了坚实的基础。

(2)全面恢复和初步发展时期(1978—1991年)。经受"文革"的影响,高等教育的发展受到严重的阻碍。1978年,邓小平同志提出改革开放的口号,自此我国的政治、经济、社会等各领域逐渐恢复生机,稳步提升。以改革开放为新的起点,我国的高等教育迈向了新的征程,教育国际化发展自此也正式走上轨道。1983年,邓小平同志提出教育要三个面向,即"教育要面向现代化、面向世界、面向未来"。这三个面向的提出,直接推动了高等教育国际化的发展。这一阶段中国逐步开展一系列国际化活动,其中最为显著的有二:第一,高等教育国际化逐步从边缘状态走向人们视线,其观念逐步形成,并进行了初步探索,对应聚类♯3国际化;第二,留学生是这一时期鲜明的特点,也是高等教育进行国际化的初探,对应聚类♯7留学生。

20世纪80年代至90年代,世界格局发生很大变化,冷战结束,苏联解体,民族主义开始酝酿产生,多元文化、教育打破了以美苏为主的霸权局面,国际活动、国际项目广泛开展,欧洲与日本经济复苏,欧洲经济一体化等,这些变化直接影响着世界各国加快发展国际化。日本和欧洲在国际化的进程中发展很快。1983年,日本首相中曾根康弘在其竞选演讲中提出了"21世纪教育改革五原则",而国际化原则位居榜首;1986年日本召开的"大学的国际化与外国留学生"国际学术研讨会吸引了来自包括中国在内的数十名学者共同讨论大学教育的国际化趋向。而欧洲早在1985年的欧洲议会上就已规定成员国之间的高校毕业证书相互承认,以便促进共同体各成员国之间的教学交流,欧洲国际化意识非常强。随着改革开放的深入,中国的大门逐渐敞开,中国与其他国家之间的交流逐渐频繁,在此过程中,国际化观念也在大量的研究中逐渐形成,中国的高等教育国际化也逐渐受到广泛学者的关注,国际化形式以派遣留学生为主要代表。

这一时期的出国留学可以分为两个阶段。

第一阶段(1978—1985年)。1978年8月,教育部根据邓小平同志主张的要增大外派出国留学生的指示,下发了《关于增选出国留学生的通知》,在原500人的出国选拔计划上增选2500人,使当时的出国留学人员总数达到3000人。[①] 1984年以前,出国留学的形式都是以国家公派为主,1981年颁布的《关于自费出国留学的暂行规定》中明确规定在校学生不准自费出国留学。而1984年国务院颁发的《关于自费出国留学的暂行规定》中指出,已通过正当和合法手续获得外汇资助或国外奖学金的我国公民,均可申请到国外自费留学。这一规定放宽了自费出国留学的限制,自此,这一时期的出国留学人员数量大幅上升,1985年人数达到20世纪80年代的顶峰为4888人。1979—1985年,出国留学人员年均达到3800余人,

---

① 江彦桥.我国对外教育政策研究[D].上海:华东师范大学,2005:25.

超过了改革开放初确立的每年 3000 人的派出目标。[①]

第二阶段(1986—1991 年)。1986 年以后,出国留学主要以调整为主,1986 年出台的《关于出国留学人员工作的若干暂行规定》是第一份全面阐述出国留学教育政策的法规性文件,同时国家在留学人员回国政策、自费出国留学人员政策等方面做了大的努力与调整,逐渐形成了涵盖自费留学、公派留学、留学回国三部分的教育政策文件。随着关于留学人员政策的逐步完善,这一阶段的出国留学在人员数目上明显增多,成为教育国际化的一个主要特点。

总结这一时期,我们发现,这一时期受政治方面的影响以及改革开放政策的实施和深入推进,高等教育国际化这一观念逐步形成,逐渐走出了边缘状态;高等教育国际化形式单一,以人员流动为主;从政策来看,这一时期由于处于改革开放初期,这些政策是基于宏观层面提出的,并未具体到微观层面的如何实施,但这些政策对后期高等教育国际化的进一步发展起到了指导作用。

(3)扩大发展时期(1992—2000 年)。1992 年,党的十四大的召开,明确提出了我国社会主义经济体制改革的目标是建设社会主义市场经济体制。以党的十四大为时间节点,高等教育的国际化发展进入发展扩大阶段。从表 5-1 的平均年可知,在这一时期,主要的聚类有三个:聚类♯0、聚类♯3 和聚类♯7。这一时期,各国都在发展市场经济,世界经济呈大发展、大开放、大融合趋势。经济的发展对人才的需求逐渐增多,国际人才市场需要大量人才,推动了高等教育国际化在全球范围内的拓展。因此,这一时期,高等教育国际化的一个最直观的表现就是留学生规模急剧扩大。

1992 年,我国出国留学人数为 6540 人;到 2000 年时,出国留学人数已经上升至 38989 人,是 20 世纪 90 年代初期的近 6 倍。而来华留学人数

[①] 陈昌贵.1978—2006:我国出国留学政策的演变与未来走向[J].高教探索,2007(5):30-34.

也在这段时间突飞猛进,1980—1996年,我国先后接受了来自160多个国家和地区的21万名外国留学生,其中1996年一年就达4.1万人。

随着出国留学人数和来华留学人数的增多,相关的研究也随之而来。通过对聚类♯7留学生包含关键词的查找发现,这一聚类所涵盖的内容有培养模式、国际化人才、教学模式、研究生教育等关键词。这一系列内容的讨论,丰富了高等教育国际化的内容。

随着以信息技术革命为中心的高新技术,尤其是现代通信、国际信息网络等的迅猛发展,世界经济越来越融为一体。经济全球化成为世界经济发展的产物,而它又进一步推动了经济的发展,为高等教育国际化提供了物质基础。同时,经济全球化要求包括资本、人才、科技在内的生产要素在全球范围内自由流动和组合,这就要求高校必须培养高素质人才,加强国际交流与合作。1995年《服务贸易总协定》(GATS)正式生效,使教育在全球范围内进行的商业化、市场化运作加速了高等教育国际化发展的进程,各国的利益相关者开始积极地参与到教育贸易中来,各层面的国际教育活动纷至沓来,高等教育国际化内容更为丰富。[①] 高等教育除了大规模招收留学生外,国际合作项目、联合办学、国际研究、国际课程等内容也纷纷在各高校出现。王留栓、褚骊从发展教育出口产业着手,对澳大利亚的高等教育国际化从发展进程、主要特征两方面进行了概述,提出高等教育国际化进程是国家间的互动、互利、互惠行为,其诸多好处值得我国借鉴。我国高等教育国际化应根据国情,从五个方面着手,走有中国特色的国际化道路。[②] 张民选从经济利益方面分析教育国际化与经济间的关系,指出发达国家利用教育国际化进程的四条途径来获取经济利益,表明高等教育本身

---

① 田泽忠,陈君,王新然.高等教育国际化概念框架演变趋势研究[J].中国成人教育,2017(14):17-21.

② 熊建辉.我国教育国际化最新进展与宏观形势——新时代职业教育国际化发展战略与创新路径思考(上)[J].中国职业技术教育,2019(12):5-15.熊建辉.面向2035中国教育对外开放政策要点——新时代职业教育国际化发展战略与创新路径思考(中)[J].中国职业技术教育,2019(16):5-15.

就是一项重要的知识产业。发展中国家在此过程中付出了巨大的代价,但是这一代价是难以避免的,发展中国家要想使本国的科技赶上世界先进水平,必须坚持开放,培养人才,努力扩大外国留学生规模,积极争取参与国际科研和咨询项目等。[①]

总结这一时期,我们发现,这一时期高等教育的国际化发展深受经济方面的影响,国际化内容也从单一的派出留学生发展到出国留学、来华留学、人才培养、高等学校间交流与合作联合办学等方面,奠定了高等教育国际化在教育国际化领域中的核心地位。

(4)快速发展时期(2001—2011年)。经过上一时期高等教育国际化的发展与扩大,这一时期经济持续发力,推动高等教育领域不断扩大,进入规模扩张的快速发展时期。从表5-1可以看出,这一时期的聚类包含聚类♯2和聚类♯8。2001年,我国加入WTO,根据GATS,"教育服务"也被纳入服务贸易范畴,这就意味着WTO成员方要遵守协定,开放教育市场。同时,GATS第13条规定:除了由各国政府彻底自主的教学活动(如军事院校),凡收取学费、带有商业性质的教学活动均属于教育服务贸易范畴,所有WTO成员方均有权参与教育服务竞争。[②] 这一协定的提出使得高等教育国际化的参与者已不仅仅限于高校,国家政府、非政府组织、营利机构、私立高校等部门也都积极地参与到各项国际教育活动中,目的是在这一过程中获得经济利益。但由于高等教育的国际化是以经济利益驱动的,其隐藏的弊端逐步显露,许多机构为了增加经济利益,变得急功近利,成为学位和知识出口的贸易机构。同时,发达国家为吸引人才,提供了优厚待遇,包括中国在内的许多发展中国家人才流失严重。这一系列问题的出现让人们对高等教育的国际化进行了深入的思考。

---

① 张民选.经济利益:发达国家在高等教育国际化中的一大收获[J].教育发展研究,1999(11):63-65.

② 何万宁.经济全球化与高等教育国际化[J].暨南大学学报(哲学社会科学版),2001(23):19-24.

可以看出，人才培养无论是在哪一个时期都被置于重要的地位。中国加入 WTO，会有越来越多的人才在中国与世界各国之间流动，这就要求相关人员必须通晓国际贸易法律、法规和习惯，了解国际教育发展水平和动向。因此，人才的培养模式和标准必须和国际接轨。[①] 而高等教育作为人才培养的主要阵地，就必须适时做出相关调整，确保能培养出复合型人才，满足市场需要。这一时期人才"走出去"与"请进来"双向发力，高校机构之间学者访学、开展讲座、聘请专家等活动不断增多。引智引才等一系列政策相继提出，吸引了大量的外籍专家和人才。同时，国内各高校间的交流活动也十分频繁，推动了高等教育的内涵式发展。

通过对聚类♯8 所包含的关键词进行分析，该聚类下的关键词主要包含孔子学院、中外合作办学、境外办学、国际交流与合作、培养模式等内容。根据"教育服务"的四种方式——一是提供远程教育服务；二是鼓励出国留学；三是提倡海外办学；四是鼓励专业人才流动——我们发现，这一聚类主要与"教育服务"方式的第三点相一致，表明这一时期，我国在海外办学方面有很大的建树。国务院出台一系列政策推动中外合作办学、境外办学以及孔子学院的发展。2003 年，国务院颁布的《中外合作办学条例》是我国第一份中外合作领域的行政法规，随后《中外合作办学条例实施办法》等一系列文件的出台，规范了中外合作办学的建设。截至 2012 年，全国共举办中外合作办学项目和机构 1765 个。关于境外办学，《国家中长期教育改革和发展规划纲要（2010—2020 年）》(以下简称《纲要》)提出要"推动高水平教育机构海外办学，加强教育国际交流，广泛开展国际合作和教育服务"。在这一政策的激励下，2011 年我国第一所境外大学老挝苏州大学成立。2004 年，全球第一所孔子学院在韩国首尔成立。2007 年，设立汉语国际教育硕士专业学位。《纲要》强调要支持国际汉语教育，提高孔子学院办学质量和水平。这一系列教育活动的推出，使得高等教育国际化在广度和深度

上都得到了扩展。

总结这一时期，我们发现，高等教育国际化的发展在这一时期仍受到来自经济方面的影响，而从事高等教育国际化机构也从最初的单一的高校发展到包括国家层面和各种国际机构和组织中，高等教育国际化增添新的内容，总体表现为内容广泛、全球性特征十分显著。

(5)提质增效时期(2012年至今)。党的十八大以来，以习近平同志为核心的党中央对内从教育是民生大计、对外从教育服务中国特色大国外交的战略高度，将教育视为人民对美好生活向往之首，是建设人类美好社会、推动人类文明进步的强大力量和促进中外民心相通、助力构建人类命运共同体的重要力量。① 习近平总书记关于教育的重要论述将教育置于前所未有的高度，特别是提出大学肩负"国际交流与合作"的职能，首次将大学的使命上升至推动人的全面发展、实现民族复兴和构建人类命运共同体、促进人类进步等内容上来。以党的十八大的成功召开为新的起点，中国高等教育开启新时代国际化转型升级、提质增效、内涵发展、更好地服务支撑做强中国教育和社会主义现代化国家的新征程。

为进一步明确新时代中国高等教育国际化的发展情况，结合表5-1，剖析聚类♯6"双一流"建设，得出该聚类包含职业教育、双向留学、"一带一路"、人文交流、"双一流"建设等内容。

第一，高等职业教育作为中国高等教育体系结构中的重要组成部分，其国际化的发展水平在新时代得到显著提升。2016年7月，教育部印发《推动共建"一带一路"教育行动》，专门对职业教育"走出去"提出了明确的要求，即要发挥政府引领、行业主导作用，促进高等学校、职业院校与行业企业深化产教融合；鼓励中国优质职业教育配合高铁、电信运营等行业企业"走出去"，探索开展多种形式的境外合作办学，合作设立职业院校、培训

---

① 熊建辉. 我国教育国际化最新进展与宏观形势——新时代职业教育国际化发展战略与创新路径思考(上)[J]. 中国职业技术教育，2019(12)：5-15. 熊建辉. 面向2035中国教育对外开放政策要点——新时代职业教育国际化发展战略与创新路径思考(中)[J]. 中国职业技术教育，2019(16)：5-15.

中心,合作开发教学资源和项目,开展多层次职业教育和培训,培养当地急需的各类"一带一路"建设者。以此为标志,中国职业教育国际化水平不断提高,成为新时代中国高等教育国际化发展的新的着力点和增长点。

第二,双向留学进入提升完善新阶段。回顾新中国 70 年的留学工作,无论是出国留学还是来华留学,都获得了长足的发展,留学规模不断扩大,留学效益显著提高。2013 年,习近平提出"支持留学、鼓励回国、来去自由、发挥作用"的留学工作方针。此后,学成归国的人数比例稳步增长。根据 2018 年教育部公布的数据,改革开放 40 多年来,学成归国人数占全部已完成学业人数的比例为 83.73%,而这一比例在 2011 年仅为 72.02%。[①]2016 年国务院提出"加快留学事业发展,提高留学教育质量",留学工作质量得到保障,成效显著。据统计,2017 年,我国出国留学人数已经突破 60万大关。我国的来华留学教育也得到了进一步提升和发展。自 2013 年提出"一带一路"倡议以来,国际来华留学生数量迅猛增长,中国正由全球主要的人才流失国转变为主要的人才获得国,正实现在全球范围内的人才循环。[②] 总之,新时代中外留学不仅在数量上得到了大幅提升,而且在质量上得到了相关政策的保障。

第三,这一时期,以习近平同志为核心的党中央高度重视中外人文交流工作,通过完善人文交流机制,创新人文交流方式,在更大范围、更高层次上推进了不同文明交流互鉴。[③] 2000 年尤其是党的十八大以来,中国先后与俄罗斯、美国、英国、法国、欧盟、印尼、德国、南非、印度等国家和国际组织建立了一系列高级别人文交流机制,完成了中外人文交流的战略布

---

① 教育部. 2017 年出国留学、回国服务规模双增长[EB/OL]. (2018-03-30)[2018-07-25]. http://www.moe.gov.cn/jyb_xwfb/gzdt_gzdt/s5987/201803/t2018 0329_331771.html.

② 刘进,陈劲. 改革开放 40 年:面向"一带一路"的高等教育国际化转向[J]. 河北师范大学学报(教育科学版),2018(20):62-67.

③ 熊建辉. 我国教育国际化最新进展与宏观形势——新时代职业教育国际化发展战略与创新路径思考(上)[J]. 中国职业技术教育,2019(12):5-15. 熊建辉. 面向 2035 中国教育对外开放政策要点——新时代职业教育国际化发展战略与创新路径思考(中)[J]. 中国职业技术教育,2019(16):5-15.

局；同时，在"一带一路"倡议提出并实施过程中，中国与沿线国家开展广泛的合作，促进了不同国家、不同文化的人文交流更上一层楼，为推进构建人类命运共同体贡献了中国力量。

第四，这一时期最突出的研究热点是"一带一路"和"双一流"建设。自习近平同志于2013年提出"一带一路"建设以来，与此相关的研究呈现爆炸式增长。有专家分析了"一带一路"建设与经济全球化及世界格局变化的关系，指出"一带一路"是统筹中国全面对外开放的国家战略，并提出了包括地缘政治、国别地理等方面在内的几个重要的议题，在学界引起了较大的关注。[①] 也有学者从国家战略层面分析了"一带一路"建设，指出"一带一路"建设所面临的主要挑战并提出建议。[②] 还有学者从人才培养、挑战、对策等方面对"一带一路"建设做出了相关的研究。"双一流"建设是国家于2015年提出的一项重大战略，旨在提升高等教育的综合实力和国际影响力，是继"211工程"和"985工程"之后的又一项国家战略。作为高等教育的一部分，"双一流"建设为高等教育国际化提供了新的思考与挑战，为高等教育如何在国际化的背景下实现进一步发展和为社会做出更大的贡献指出了明确的方向。

总结这一时期高等教育国际化研究的发展，我国的高等教育各方面得到深入发展，其中党和国家在教育领域始终坚持党对教育事业的全面领导，发挥顶层设计能力，从战略高度上对教育进行了全面的指导，从而推动高等教育朝着内涵式方向深入发展。

(四)研究结论与建议

1. 研究结论

基于CiteSpace软件，本研究对CNKI数据库和超星期刊数据库中新

---

① 刘卫东."一带一路"战略的科学内涵与科学问题[J].地理科学进展,2015(5):538-544.
② 袁新涛."一带一路"建设的国家战略分析[J].理论月刊,2014(11):5-9.

中国成立 70 年来与高等教育国际化相关的文献,从研究作者、研究机构、研究热点和研究趋势等四个方面进行了分析,并从中得出以下结论。

第一,从研究作者来看,自 1949 年以来,研究高等教育国际化的作者众多,有突出贡献的作者数量十分可观。不过,从整个时期来看,作者之间的合作程度不是很高,大部分都是单独作战,合作意识不强,很少形成合作团队,但是这一现象在近几年有所缓解。

第二,从研究机构来看,参与高等教育国际化研究的机构种类繁多,呈现出"百花齐放"的态势。机构大多来自高校,表明教育国际化研究的主要阵地在高校。机构中,职业院校在近几年的发力持续扩大,具有很强的潜力。但从机构的合作程度来看,该领域已有的研究机构合作较少,大多都各自为政。

第三,从研究热点来看,70 年的高等教育国际化发展过程中,研究热点频出,研究视角广泛,研究内容丰富,主要可以分为九个聚类,每个聚类大体对应特定时期,时期不同,研究内容不同,热点出现的数目也不同。总体来讲,是随着国家的发展,研究热点逐渐增多。

第四,从研究趋势来看,70 年我国高等教育国际化研究历程大致分为五个时期。第一时期(1949—1977 年)起步探索和曲折发展阶段,主要受政治的影响大,专注于自身的整顿与发展;第二时期(1978—1991 年)全面恢复和初步发展阶段,高等教育国际化关键逐渐形成,国际化形式单一;第三时期(1992—2000 年)扩大发展阶段,受经济影响巨大,高等教育国际化内容从单一模式逐步向多方面发展;第四时期(2001—2011 年)快速发展阶段,高等教育国际化的全球性特征十分显著;第五时期(2012 年至今)提质增效阶段,党和国家的引领显著,高等教育国际化的战略高度提升,转向内涵式发展。

2. 讨论与建议

基于以上新中国高等教育国际化研究 70 年文献研究,我们发现,要进一步提升新时代高等教育国际化研究的质量和水平,更好地服务中国高等教育国际化水平提升,更好支撑中国特色、世界水平的高等教育强国建设,可以重点从以下几个方面着力:

第一,加强交流与合作。对于作者和机构,二者在合作方面都有待进一步加强。为此,以后的研究中,学者间可以大量进行合作研究。这样不仅有利于新的研究的提出,而且对于学者来说,也是相互借鉴、相互学习的过程,有利于加深对高等教育国际化的了解和教育资源的相互流通。对于机构来说,各研究机构应发挥各自优势,扩大交流与合作的机会与合作领域,鼓励教师学生"走出去",将先进的国际化理念、教学方法、教学模式等"引进来"。同时可以建立长效的合作机制,加大合作力度,促进多学科、跨学科等多种形式的交流与合作,实现人才和资源的多向流通。

第二,在建设具有中国特色的高等教育国际化方面发力。根据热点的发展趋势,在未来的教育国际化研究中,"一带一路"倡议、"双一流"建设以及职业教育、国际化办学等相关领域将会成为新一轮研究前沿。这些关键词带有中国自身特色,有利于走中国特色的教育国际化道路。因此学者可以在探索具有中国特色的高等教育国际化方面发力。

第三,发挥党对教育事业的全面领导作用。从整个高等教育国际化的发展史来看,高等教育的国际化受包括政治、经济、文化在内的各方面影响。而新时期由于党对教育事业的全面领导能力加强,高等教育无论是在人才培养、中外人文交流,还是在教育对外开放的各方面都得到了质的提升。因此,加强党对教育事业的全面领导不仅能够推动高等教育国际化的深入发展,而且在推动人的全面发展、实现中华民族伟大复兴和构建人类命运共同体上发挥重要的作用。

三、高等教育国际化的案例之维

高等师范院校教育研究国际化水平,是中国教育研究国际化的重要内容,也是中国高校推进国际化发展战略与创新实践的重要方面。有鉴于此,本部分基于美国 WOS 数据库 2013—2016 年的英文文献进行计量学研究,分析中国高等师范院校教育研究国际化发展情况。研究发现,在教育研究国际化的进展、学术影响力和趋势方面,高师院校 2013—2016 年教育研究发文量不断增加,北京师范大学、华东师范大学、陕西师范大学位居总发文量的前三位;国际学术影响力排名前三位的是首都师范大学王晶莹、华东师范大学吴忭和北京师范大学王雁;关键词聚类分为翻转学习、教师教研、整合技术的学科教学知识、学校参与、课堂对话、社会性经验、科学认识论、教师身份建构等八个热点领域。

(一)研究背景

从历史看,经过不懈努力,特别是通过实施"211 工程""985 工程"及"优势学科创新平台""特色重点学科项目"等重点建设,我国一批重点高校和重点学科建设取得重大进展,带动了我国高等教育整体水平的提升,为国家经济和社会持续、健康发展做出了重要贡献。从现实看,为克服高校重点建设身份固化、竞争缺失、重复交叉等问题而提出的建设世界一流大学和一流学科,是党中央、国务院在新的历史时期作出的重大战略决策,对于提升我国教育发展水平、增强国家核心竞争力、奠定长远发展基础,具有十分重要而深远的意义。国务院印发的《统筹推进世界一流大学和一流学科建设总体方案》,为我国实现从高等教育大国到高等教育强国的历史性跨越明确了新的任务和路径。"双一流"建设的启动实施可谓吹响了我国高校在新的历史时期冲刺国际前列、打造顶尖学府的"冲锋号"。

统筹推进一流大学和一流学科建设,对于我国高师院校的发展意味着面临新的机遇和挑战,即聚焦优质资源,在培养国家一流基础教育师资、服务地方社会经济发展的同时,抓住机遇产出世界一流成果。我国已经形成了以各级各类师范院校为主体的多层级教师教育体系,而如何形成特色鲜明的一流教师教育人才培养模式和科研水平成为新时期高师院校面临的新问题。"双一流"建设需要在国际可比指标上达到一流,①作为高等院校"双一流"的重要标志,教育研究国际化成为教育国际化的核心内涵之一,乃是发达国家改革与发展高等教育的共同抉择和普遍战略。《社会科学引文索引》(*Social Science Citation Index*,SSCI)是《科学引文索引》(*Science Citation Index*,SCI)的姊妹篇,作为国际性社会科学文献数据库,是衡量国际学术影响力的重要依据之一。SSCI 期刊的发表有利于教育研究国际化,特别是我国本土教育研究成果向国际一流的转化,从而加强我国在世界教育研究体系的学术话语权。② 对 2010—2015 年 SSCI 教师教育专业期刊的文献分析发现,21 世纪国际教师教育研究呈现增长态势,与我国台湾和香港地区比较,大陆发展缓慢,处于研究弱势,在国际化研究机构、研究团队和研究主题方面都比较匮乏。③ 我国学者在 SSCI 期刊上的发声,与我国人文社科研究的大国地位并不相称。④ 中国教育研究领域"进口"和"孤芳自赏"的现状必须改变,急需在国际交流中提高研究水平和影响世界教育发展的能力。⑤

为进一步分析我国近年来教育研究国际化的发展状况,我们在美国汤姆森科技信息集团开发的大型综合性、多学科、核心期刊引文索引数据库 Web of Science(WOS)全库检索我国高师院校 2013—2016 年教育研究的英语文献(不含港澳台地区数据),利用 Citespace 和 Histcite 软件进行文献计量学研究,以期为我国高师院校教育研究国际化发展提供启示。

---

① 周光礼,武建鑫.什么是学术评价的全球标准——基于四个全球大学排行榜的实证分析[J].中国高教研究,2016(4):51-56.

② 姚云,顾明远.中国教育研究成果国际化的几个问题[J].中国教育学刊,2007(3):13-16.

③ 李云星,李一杉,穆树航.国际教师教育研究的分布特征、研究前沿与知识基础——基于 2000—2015 年 SSCI 教师教育专业期刊的文献计量分析[J].教师教育研究,2016(5):115-127.

④ 李芒,等.教育学科 SSCI 论文解析[M].北京:科学出版社,2016:前言.

⑤ 姚云,康瑜.中国教育科研成果如何走向世界——基于对 SSCI 数据库分析的启示[J].比较教育研究,2007(1):43-48.

(二)高产期刊与机构

截至 2017 年 1 月 1 日,在 WOS 全库检索主题为教育、2013—2016 年发表在教育和教育研究领域的 SSCI 和 SCI 英文文章,结果发现:我国内地和香港共有 2708 篇,排在全球第五位,美国以 31967 篇的绝对优势排在首位,英国位居第二(7800 篇),澳大利亚位居第三(6699 篇),加拿大则位居第四(4971 篇)。以主题"教育"(Education)并(And)地址"师范大学"(Normal University),精练依据为研究方向"教育和教育研究"(Educational & Educational Research)并(And)文献类型"文章"(Article)并(And)语种"英语"(English)并(And)国家/地区"中国"(People R. China),时间跨度为 2013—2016 年,检索了我国高师院校 SSCI 和 SCI 文章 277 篇(不含港澳台地区数据)。发文量前 10 位的刊物有三个并列第一,即《亚太教育评论》(Asia Pacific Education Review)、《教育技术与社会》(Educational Technology & Society)和《公共科学图书馆》(PLoS ONE)。表 5-2 列出了全球引用数(Total Global Citation Score,TGCS),《教学和教师教育》(Teaching and Teacher Education)和《计算机与教育》(Computers & Education)排在前两位。这些文章刊发在 118 个学术刊物上,拥有作者726 人,发文量随年度增加(2013—2016 年依次为 34、40、67、76 篇,高发文量 12 个期刊有四个一区。

表 5-2　我国高师院校 2010—2016 年国际教育研究发文量高产期刊

排序	英文杂志名	中文名	分区	数量	TGCS
1	Asia Pacific Education Review	亚太教育评论	Q4	7	8
2	Educational Technology & Society	教育技术与社会	Q2	7	12
3	PLoS ONE	公共科学图书馆	Q1	7	5
4	Eurasia Journal of Mathematics Science and Technology Education	欧亚数学、科学和技术教育	Q3	6	6

续表

排序	英文杂志名	中文名	分区	数量	TGCS
5	*Early Childhood Research Quarterly*	学前研究季刊	Q1	5	11
6	*Teaching and Teacher Education*	教学和教师教育	Q1	4	17
6	*Computers & Education*	计算机与教育	Q1	4	15
6	*Asia-Pacific Journal of Teacher Education*	亚太教师教育	Q3	4	8
6	*International Journal of Educational Development*	国际教育发展	Q2	4	1
6	*Journal of Education for Teaching*	教学法教育	Q3	4	1

我国高师院校总发文量前十位的依次是北京师范大学、华东师范大学、陕西师范大学、华南师范大学、华中师范大学、西南大学、首都师范大学、东北师范大学、南京师范大学和浙江师范大学，共计 217 篇，其中 SCI21 篇，SSCI（含双料期刊）196 篇；上海师范大学的总发文量排在第十一，第一作者第一单位发文量进入前十，并有第一作者第一单位一区成果，故将其纳入排名列表 5-3。高师院校第一作者第一单位前十位中，北京师范大学以 46 篇居首位，华东师范大学排在第二（17 篇），华中师范大学和西南大学并列第三（9 篇），华南师范大学位居第五（8 篇），首都师范大学和东北师范大学并列第六（7 篇）；一区处于世界教育研究领域的顶尖水平，高师院校第一作者第一单位一区的文章表现了我国学者教育研究国际学术影响力水平，北京师范大学以 11 篇排在首位，首都师范大学排在第二（4 篇），华南师范大学位居第三（3 篇），陕西师范大学、首都师范大学、华南师范大学和上海师范大学第一作者第一单位一区发文量排名均高于教育部 2012 年教育学科评估排名。

表 5-3　我国师范院校以教育为主题的 SCI 和 SSCI 发文量统计(2013—2016 年)

序号	师范院校	总发文量	排名	一作一单	排名	一作一单一区	排名	学科排名
1	北京师范大学	82 篇	1	46 篇	1	11 篇	1	1(95 分)
2	华东师范大学	36 篇	2	17 篇	2	2 篇	4	2(89 分)
3	陕西师范大学	19 篇	3	6 篇	8	2 篇	4	14(74 分)
4	华南师范大学	16 篇	4	8 篇	5	3 篇	3	6(77 分)
5	华中师范大学	15 篇	5	9 篇	3	1 篇	8	5(78 分)
6	西南大学	14 篇	6	9 篇	3	0 篇	11	6(77 分)
7	首都师范大学	11 篇	7	7 篇	6	4 篇	2	6(77 分)
8	东北师范大学	10 篇	8	7 篇	6	2 篇	4	4(80 分)
9	南京师范大学	8 篇	9	6 篇	8	1 篇	8	3(81 分)
10	浙江师范大学	8 篇	9	4 篇	11	2 篇	4	—
11	上海师范大学	7 篇	11	6 篇	8	1 篇	8	14(74 分)

(三)高产学者与学术影响力

　　首先选取第一作者第一单位发文量两篇及以上的作者,并在 WOS 上检索高产作者的发文情况,详细分析近四年的总发文量、第一单位发文量(含非第一作者合作文章,但署名该师范院校为作者第一单位)、第一作者第一单位发文量和第一作者第一单位一区发文量,在 WOS 上检索"师范院校"(Normal University)为地址,2013—2016 年,主题为"教育"(Education),精练依据:文献类型"文章"(Article)并(And)语种英语(English)并(And)国家/地区"中国"(People R. China),共计 502 篇(不含港澳台地区),利用 Histcite 对照印证发文量和全球被引量。统计发现,我国 11 所高师院校共有 17 名高产学者,文章均发表在 SSCI 刊物上(见表 5-4)。北京师范大学的高产学者最多(4 位),华东师范大学、华中师范大学和西南大学为 2 位,大部分高师院校国际化学术团队并没有搭建;首

都师范大学科学教育的王晶莹以 11 篇位居总发文量第一,浙江师范大学
学前教育的李克建排在第二(6 篇),北京师范大学特殊教育的邓猛位居第
三(5 篇);从第一作者第一单位的数量来看,首都师范大学王晶莹以 6 篇
位居首位,华南师范大学周少娜位居第二(4 篇),陕西师范大学杨阳排在
第三(3 篇),其余 14 位作者均为 2 篇;通过对比第一作者与第一作者第一
单位发文量可以看出,部分学者与境外高校联合署名,有国际化教育研究
合作。署名境外高校的学者第一作者第一单位发文量会少于第一作者发
文量,比如华中师范大学教师龚欣是哥伦比亚大学师范学院博士毕业生,
华东师范大学吴忭教师是香港大学教育学院博士毕业生,首都师范大学王
晶莹是台湾师范大学博士后,西南大学胡燕娟与荷兰莱顿大学联系紧密。
进一步分析第一作者第一单位一区发文量,仅有四位作者入围,王晶莹排
在榜首(3 篇),李克建位居第二(2 篇),华中师范大学教育经济的龚欣和南
京师范大学教育技术的钟柏昌并列第三(1 篇)。

表 5-4　我国高师院校教育研究国际化高产学者

院校名称	中文名	研究方向	发文/一作	一作一单
北京师范大学	邓猛	特殊教育	5 篇/2	2 篇
	王雁	特殊教育	5 篇/2	2 篇
	董艳	教育技术	3 篇/2	2 篇
	刘水云	教育政策	2 篇/2	2 篇
华东师范大学	吴忭	教育技术	6 篇/4	2 篇
	叶王蓓	思政教育	2 篇/2	2 篇
陕西师范大学	杨阳	音乐教育	3 篇/3	3 篇
华南师范大学	周少娜	科学教育	5 篇/4	4 篇
华中师范大学	龚欣	教育经济	4 篇/4	2 篇
	闫春梅	英语教育	2 篇/2	2 篇

续表

院校名称	中文名	研究方向	发文/一作	一作一单
西南大学	胡燕娟	语言文化	4篇/4	2篇
	杨新荣	数学教育	2篇/2	2篇
首都师范大学	王晶莹	科学教育	11篇/6	6篇
东北师范大学	王芳	农村教育	2篇/2	2篇
南京师范大学	钟柏昌	教育技术	2篇/2	2篇
浙江师范大学	李克建	学前教育	6篇/2	2篇
上海师范大学	宁波	教育评价	2篇/2	2篇

通过分析17位高产学者的学术研究网络,可以发现学术共同体的基本状况:北京师范大学邓猛和王雁与昆士兰科技大学博士生 Mu Guanglun Michael 合作;华东师范大学吴忭与香港大学王敏红和 Johnson Janice M. 教授、得克萨斯大学 Spector J. Michael 以及哈佛大学 Grotzer Tina A. 合作;首都师范大学王晶莹和台湾师范大学周明教授以及北京十五中老师郭东辉合作;华南师范大学周少娜与俄亥俄州立大学韩静博士、包雷教授,辛辛那提大学 KoenigKathleen 以及华南师范大学肖华教授合作;华中师范大学龚欣与加利福尼亚大学 Xu Di 和纽约大学 Han Wen-Jui 合作;华中师范大学闫春梅与何传俊合作;北京师范大学董艳与新加坡南洋理工大学蔡敬新教授(Chai Ching-Sing)、北京师范大学桑国元、台湾科技大学蔡今中教授(Tsai Chin-Chung)合作;南京师范大学钟柏昌与新加坡南洋理工大学 Wang Qi-yun 和常熟市碧溪小学老师陈洁合作;西南大学胡燕娟与莱顿大学 Verloop Nico 和 van der Rijst 以及 Roeland Matthijs 合作;西南大学杨新荣与荷兰格罗宁根大学 van Veen, Klaas 和 Van den Noortgate Wim 以及 Gielen Sarah 合作;陕西师范大学杨阳与伦敦大学学院 Welch Graham 合作;东北师范大学王芳与哥伦比亚大学 Clarke Anthony 合作;浙江师范大学李克建与澳门大学胡碧颖和范息涛教授、北卡罗来纳大学 Pan Yi 教授、浙江师范大学秦金亮教授合作;上海师范大学宁波与鲁汶大

学 Jan Van Damme 合作;华东师范大学叶王蓓和北京师范大学刘水云均为独立作者。

个人学术影响力是在某一时期个人对其所处科研领域内其他个人及其科研活动的影响范围和深度,根本来源是个人科研成果的质量和数量。[1] 根据国际学界对个人学术影响力的评价指标,其主要影响因素有发文量、论文被引频次、与他人合作情况、发文所在期刊影响力等。[2] 为了进一步研究我国高师院校高产学者的教育研究国际化学术影响力,综合各排名机构的做法,[3]选择 H 指数、被引频次、他引频次、发文量、一区发文量、第一作者发文量、第一作者一区发文量作为教育研究国际学术影响力的七大衡量指标(见表 5-5)。

表 5-5 我国高师院校高产学者教育研究国际学术影响力指标

	H 指数	被引频次	他引频次	发文量	一区	第一作者	一作一区
权重	20%	5%	20%	10%	15%	10%	20%

根据国际学术影响力指标计算我国高师院校高产学者的学术影响力,排名前三位的是首都师范大学王晶莹、华东师范大学吴忭、北京师范大学王雁,王晶莹遥遥领先,在七个单项的得分均为第一(见表 5-6)。前十名高影响力学者有三位来自北京师范大学,首都师范大学、华东师范大学、浙江师范大学、华南师范大学、华中师范大学、陕西师范大学、西南大学各一位。部属师范院校的东北师范大学和南京师范大学在教育研究国际化方面相对薄弱。但从整体来看,我国师范院校的高产学者的一区发文量、被引频次等都表现一般,除了个别学者成果突出外,我国高师院校学者的教育研

---

[1] 高志,张志强. 个人学术影响力定量评价方法研究综述[J]. 情报理论与实践,2016(1):133-137,105-109.

[2] 高志,张志强. 个人学术影响力定量评价方法研究综述[J]. 情报理论与实践,2016(1):133-137,105-109.

[3] Pan R K, Fortunato S. Author Impact Factor:Tracking the Dynamics of Individual Scientific Impact [J]. Scientific Reports,2014(4):7-8.

究国际化水平还处于初级阶段。

表 5-6　我国高师院校 SSCI 高产学者教育研究国际化学术影响力排名（2013—2016 年）

排名	高产学者	研究领域	所在高校	发文量/一区	被引/他引	H 指数	一作/一区	学术影响力
1	王晶莹	科学教育	首都师范大学	11 篇/8	39/31	4	6 篇/3	12.45
2	吴忭	教育技术	华东师范大学	6 篇/2	8/6	1	4 篇/1	3.30
3	王雁	特殊教育	北京师范大学	5 篇/0	9/8	1	2 篇/0	2.95
4	李克建	学前教育	浙江师范大学	6 篇/2	14/1	2	2 篇/2	2.80
5	周少娜	物理教育	华南师范大学	5 篇/1	2/2	1	4 篇/0	1.75
6	龚欣	教育经济	华中师范大学	4 篇/1	3/1	1	4 篇/1	1.70
7	邓猛	特殊教育	北京师范大学	5 篇/0	2/2	1	2 篇/0	1.40
7	刘水云	教育政策	北京师范大学	2 篇/0	4/3	1	2 篇/0	1.40
7	杨阳	音乐教育	陕西师范大学	3 篇/0	4/2	1	3 篇/0	1.40
10	胡燕娟	语言文化	西南大学	4 篇/0	1/1	1	4 篇/0	1.25

（四）研究热点与主题

统计发现，我国高师院校主题为教育的 2013—2016 年 WOS 全库上教育和教育研究领域的所有英文文献（含文章、会议、综述、评论、资料、书评等）共计 693 篇，统计高频关键词频次 20 以上的共有 28 个（见表 5-7），排在前三位的是教育、中国和高等教育，学生和香港成为高度关注研究主题；知识、表现、模型、成就、感知成为热点研究主题。对频次 40 以上的 10 个高频关键词的分析发现，我国高师院校关注学生学习结果为导向的学业表现和学业成就，比较导向的香港地区教育研究借鉴与合作，心理学导向的知识与模型建构、教与学的感知。

进一步分析其余 18 个关键词有学校、动机、态度、课程、科学、教师、课堂、技术、影响、视角、教学论、信念、性别、教师教育、经验、结果、语言和自我效能。这些高频关键词表明以学校为核心的课堂学习环境备受关注,课堂学习环境影响教学活动的开展、质量和效果,是存在于课堂教学过程中的各种物理、社会及心理的因素综合。[①] 课堂是学生学习的主阵地,与学生的学习成效有着密不可分的联系,[②] 这 18 个关键词可以划分为三个维度:心理环境(学习动机、学习态度、自我效能、学习结果),物理环境(科学学科、学校设施、教育技术)和社会环境(师生因素、学校气氛、不同视角的各类影响、教学方式、教师信念、性别差异、教师教育水平、教师经验、教学语言)等。

表 5-7 我国高师院校 2013—2016 年教育研究高频关键词分析(频次 20 以上)

序号	关键词	年份	频次	中心性
1	education	2013	215	0.31
2	China	2013	106	0.07
3	higher education	2013	106	0.19
4	students	2013	93	0.03
5	Hong Kong	2013	89	0.10
6	knowledge	2013	55	0.02
7	performance	2013	55	0.13
8	model	2013	47	0.16
9	achievement	2013	46	0.11
10	perceptions	2013	41	0.08

① 范春林,董奇. 课堂环境研究的现状、意义及趋势[J]. 比较教育研究,2005(8):61-66.
② Fraser B J. Classroom Learning Environments: Retrospect, Context and Prospect[M]. In Fraser B J, Tobin K G, McRobbie C J. (Eds.). Second International Handbook of Science Education [M]. New York: Springer,2012: 1191-1239.

续表

序号	关键词	年份	频次	中心性
11	school	2013	39	0.35
12	motivation	2013	33	0.27
13	attitudes	2013	33	0.16
14	curriculum	2013	33	0.13
15	science	2013	32	0.15
16	teachers	2014	30	0.04
17	classroom	2013	28	0.10
18	technology	2013	27	0.22
19	impact	2014	26	0.00
20	perspective	2013	26	0.13
21	instruction	2014	26	0.07
22	beliefs	2013	25	0.11
23	gender	2013	25	0.26
24	teacher education	2013	24	0.07
25	experiences	2014	23	0.00
26	outcomes	2015	23	0.02
27	language	2013	22	0.11
28	self-efficacy	2013	22	0.07

通过绘制关键词时区视图发现 2013—2016 年的聚焦热点分别为学生的学业成就、教师知识、师生认识论和学习环境。利用 CiteSpace 的文献关键词聚类可以分为八大方面：一是翻转学习，旨在通过激发学生学习动机提高学业成就的翻转课堂设计、教学行为改进和问题解决学习策略开发；二是教师教研，集体备课、说课等活动，以提高教学效能和教学动机；三是整合技术的学科教学知识，在技术接受模型、混合学习、在线学习等理论支持下的学生学习动机、学习行为、学习习惯、学习态度和学习方法，以及教师技术教学法内容知识、教学目标取向、信息和沟通技术；四是学校参与，

侧重信息技术的使用,倾听学生的声音,实证探讨学校在教与学过程中的参与度,注重研究工具开发和信效度;五是课堂对话,基于社会学视角,关注中国特色的教与学活动,涉及以学生为中心的内容、基于问题的学习、技能发展、课堂教学方法和教学设施、探究教学;六是社会性经验,强调在学科学习中的知识生产、教学设计、学习环境、学习认知、学习目的等问题;七是科学认识论,关注学生科学学习策略、学习态度、科学本质观、学习满意度和技术支持等;八是教师身份建构,不同情境教师身份认同、职前教师认证、教师专业发展、教师性别、教学方式、教育技术等。2013 年,聚焦学生科学学科学习,主题有科学模型、行为影响、学习策略、科学探究、学习设计、学习态度、学习质量、学习动机、学习表现、学生性别等,有提及元分析方法等;2014 年,侧重教师教育,涉及教师信念、课程知识、学生知识、教育技术、性别差异等;2015 年,聚焦教师和学生的感知,涉及教学法、研究效度、教学技能、课堂文化、教育政策等方面的认识等;2016 年,侧重学习环境,包括对我国农村和城市地区、不同国家和地区的课堂比较,学习环境对学习结果的影响以及与学生人格特征的联系等。

(五)分析与发现

1. 研究现状分析

我国高校论文发表的数量呈上升的趋势,但总量仍偏少。我国内地和港澳地区 2013—2016 年在 WOS 上以教育为主题检索的教育和教育研究类英文文章共有 2708 篇,香港大学以 330 篇排在首位,香港教育学院(现为香港教育大学)以 213 篇排第二,香港中文大学排第三(187 篇);总发文量 60 篇以上的机构共有 11 个,仅有一所高师院校,香港大学发文量与内地高师院校(277 篇)相当,第四到第十一依次是北京大学(148 篇)、中国科学院(115 篇)、香港理工大学(83 篇)、北京师范大学(82 篇)、中山大学(74 篇)、上海交通大学(72 篇)、中国疾控中心(65 篇)和浙江大学(60 篇)。我国内地高师院校是教育研究的主体,但在国际学界出现失语现象,教育研究国际化明显落后于综合性大学和科研机构。

从本研究的分析来看,2013—2016 年在 WOS 上以教育为主题检索的教育和教育研究类英文文章关键词聚类分为翻转学习、教师教研、整合技术的学科教学知识、学校参与、课堂对话、社会性经验、科学认识论、教师身份建构八个热点领域。总结来说对教与学、课程设计、学生经验、学术工作以及知识的研究相对较多,而对教育质量、教育系统政策、院校的研究等有所欠缺。以教育系统政策为例,从政策评论转向政策分析正是体现研究从主观向度向客观向度的转型,这样的转型正是研究所缺乏的品质,国际学界对中国教育的关注方面也包含此类文章。

我国高师院校高产学者学术研究网络分为五大类:一是与境外学者合作,有龚欣、胡燕娟、杨新荣、宁波、王芳、吴忭、杨阳等;二是海内外学者联合,与境外和本土学者形成广泛合作,如周少娜、董艳、邓猛、王雁、李克建;三是"境外学者合作+本土实践",与境外学者合作,并指导一线老师实践,有王晶莹、钟柏昌;四是本土合作,如闫春梅;五是独立研究,如叶王蓓、刘水云。尽管存在合作,仍能发现我国教育研究国际化缺乏成熟的学术共同体平台。

2. 研究局限

本研究利用国际最新研究方法对我国高师院校 2013—2016 年教育研究的高产机构、学术影响力和研究热点等方面进行了深入探讨,但由于客观和不可控因素影响,还存在一定的研究局限。

第一,对教育研究领域的划分是按照主题为教育、研究领域为教育和教育研究限定的,时间选取 2013—2016 年。由于我国教育部学位与研究生教育发展中心 2012 年进行了教育学的学科评估和排名,此时间段可以分析排名后各高师院校的教育研究国际化发展以及学科排名的影响,检索时间以 2017 年 1 月 1 日为准,之后还有近四年的文献被 WOS 陆续收录,但均未能统计在内。

第二,为了保证检索数据的全面性,选取 WOS 全库,因为有个别 SCI 刊物也收录教育类文章,采取全库检索方式对研究领域的限制没有核心数据库严格,比如 SSCI 核心数据库的某些心理学刊物并未包含在教育和教育研究领域,但在全库精练时包含在该领域,这样可以检索到更多与教育相关的文献;另外,由于文章更能反映学术研究水平和价值,我们在分析中精练要求为文章,但在进行聚类分析时,需要至少 500 篇文献才能完成,精练包括了文章、会议、综述、评论、资料、书评等文献。

第三,在经济、管理、计算机、心理学等领域与教育相关的研究,研究主题或者领域如果不是教育,或近四年教育主题第一作者文章不足两篇,不能被列为初次筛选的高产学者,故不能在下一步统计该学者四年内的所有文章,这同样适用于教育研究的学者。通常来说,国外期刊的中国学者署名标准是姓名全称,但偶有学者使用简称,检索使用"汉语拼音全名+海内外单位",简称不在检索范围内。因此,不能列全该学者的所有论文,并不表明这类科研人员的影响力小。另外,非高师院校的高产学者并不在统计范围内。

(六)建议

从上述统计和分析来看,我国处于研究弱势,在国际化研究机构、研究团队和研究主题方面都较为匮乏,这对于"双一流"建设、实现"教育研究国际化"都是不小的阻碍。要使中国教育研究走向世界,我国学者不能只见 CSSCI 不见 SSCI,[①]在未来如何突破我们国际英文发文量的困境以及更好地推进我国教育研究国际化,笔者特提出以下建议。

---

① 任元彪,陆云峰. SSCI 和 A&HCI 标准在中国的应用探讨[J]. 自然辩证法研究,2003(8):63-66.

1. 研究者应遵守学术规范,把握国内外研究差异

教育的最初发展是为个人和本土(社区、地方和国家)的发展服务的,国际化是以本土化为基础的,本土化是国际化的内在要求,应该以国际学术标准管理要求。[①] 国际学界对中国教育的关注越来越密切,中国教育研究越来越呈现国际合作的趋势,急需教育研究国际化学术成果为本土教育注入新鲜血液,提供多元视角,实现中国教育的国际对话,促进国际研究成果转化为中国教育发展资源。[②] 由"双一流"学科建设主导的教育科研国际化时代的到来,既推动教育的国际化发展,又要求国际化与本土化之间的融合。遵守共同学术规范是中国教育研究国际化的基础。众所周知,学术研究是一项严谨的创造性活动,这种创造性活动以独立思考为前提,因此在学术研究过程中应杜绝跟随他人或时代潮流风向、人云亦云的现象,研究者在学习他人经验时应具备独立思考以及辨别能力。

2. 构建教育科研共同体:兼顾人才引进与本校培育

我国高师院校在聘用境外兼职和讲座教授的同时,各大高师院校正在上演教育学人才抢夺之战,华东师范大学全球招揽人才,上海高峰计划支持晨辉学者、紫江青年等,北京师范大学将招聘条件限定为最低两篇 SSCI等。引进人才固然重要,但是培育本校青年学者尤为关键,比如王晶莹、李克建、吴忭、周少娜、杨阳等均为本校青年学者,在学术上颇有建树,但并未形成研究平台和团队,如果可以带动本校中青年教师共同研究并在本土形成合作共同体,则其效益可能最大化。有高产学者出自非"985"或"211"高校,如王晶莹、李克建,非部属师范院校学者的国际化研究实力不容忽视,因此更应该为这些普通院校中青年学者提供良好的学术平台和科研氛围。

---

① 李越,叶赋桂,蓝劲松. 跻身世界一流大学的学术基准[J]. 教育发展研究,2002(12):50-53.

② 李甜. SSCI 收录的有关中国教育的研究成果的统计分析(1978—2008)[D]. 上海:华东师范大学,2009.

3. 关注教育研究国际化学科优势

近年来我国高师院校面临学科重组和调整等诸多问题,在国际教师专业化发展的背景下,教师教育改革当下正如火如荼地展开,正在探索构建"双一流"背景下我国高师院校发展之路。我国高师院校作为教师教育东方特色的典型,受到国际学界的广泛关注,教师教育改革也给国际学界带来新的研究价值。纵观我国高师院校教育研究国际化的高产学者和学科分布,17位高产学者中有13人从事学科教育实证研究,四人从事纯教育理论研究,教师教育学科具有一定优势。由于国际SSCI刊物多以实证研究为基础,我国传统教育学科,诸如教育学原理、教育哲学等思辨性较强,研究方法与国外迥异,而学科教育研究作为教师教育的实践研究领域却便于借助学科背景,开展实证类研究,实现传统教学法专业老树开新花,生成我国本土特色的教师教育研究理论和实践经验。

4. 实证方法推动教育研究范式转型

与国际趋势接近,我国高师院校国际化研究一方面关注教师认识论和身份建构,另一方面关注学业成就和学习科学,并且侧重连接学生与教师的学校参与,以及技术支持下的学习环境建构。研究方法以定量、定性和混合研究为主,与我国本土期刊在研究选题和方法上存在较大不同,本土以形而上的理论思辨、综述类国际比较、教学经验总结和历史研究为主。①2015年在华东师范大学召开的全国教育实证研究联席会议的14所大学教育学院院长、32家教育研究杂志主编以及全国教育科学规划办和光明日报教育研究中心负责人一致认为,提升中国教育研究的质量和影响力,必须加强教育实证研究,促进研究范式转型。我国人文社科研究带有较强的地域和文化特征,特别是意识形态方面存在很大差异,我国学者习惯于理论思辨,善于观点性和论述性论文,国际化研究存在很大提升空间。

---

① 姚计海,王喜雪.近十年来我国教育研究方法的分析与反思[J].教育研究,2013(3):20-24.

教育研究国际化是一个持续的过程,尽管当前还存在许多问题,但随着中国教育科学研究向着国际化、实证化方向迅猛发展,随着中国教育研究在国际教育研究领域成果的不断积累和创新,我国高师院校必将在国际同行面前展示研究成果的中国特色、中国风格和中国气派,从而提升国际影响力。[①] 这也是中国教育研究者统筹推进一流大学和一流学科建设的使命和责任。

---

① 李芒,等.教育学科 SSCI 论文解析[M].北京:科学出版社,2016:前言.

第六章　透视中国职业教育国际化

回望过去,新中国成立 70 多年来,职业教育大体经历了从初创奠基到快速发展再到迈向新时代的演进历程。在职业教育发展的不同历史时期,职业教育国际化暨职业教育国际交流与合作在发展内涵、策略、涉及领域和内容、作用和影响力等方面都各不相同。在中国已建成世界上规模最大的职业教育体系的今天,职业教育发展的各项体制机制正趋于完善,职业教育国际化发展也正如火如荼、潜力无限。面向未来,谋划新时代职业教育国际化发展战略与创新路径,可以围绕我国职业教育国际化政策的历史逻辑、现实基础、实践路径等方面展开。从政策视角来看,改革开放以来我国职业教育国际化经历了起步、推进、提速和转型四个时期,进入转型升级、提质增效新时代后更强调服务职业教育高质量发展、服务更深层次全面对外开放和服务"一带一路"建设。以职业教育国际化政策发展逻辑为主线,通过系统分析职业教育国际化的发展成效、问题与形势后发现,提高战略认识、加强顶层设计、助力做强职教、推进多向办学、参与全球治理、提升国际影响将是创新我国职业教育国际化发展的重要路径。

习近平主席在联合国日内瓦总部演讲中明确指出,人类正处在大发展大变革大调整时期。世界多极化、经济全球化深入发展,社会信息化、文化多样化持续推进,新一轮科技革命和产业革命正在孕育成长,各国相互联系、相互依存,全球命运与共、休戚相关,和平、发展、合作、共赢的时代潮流

94

更加强劲。① 一方面,自中国 2001 年加入世贸组织以来,以中国为代表的新兴市场与发展中国家经济整体性崛起,成为世界经济增长的重要引擎;另一方面,美国华尔街金融风暴爆发以来,发达国家经济整体陷入"大衰退",复苏普遍乏力,国际经济格局发生前所未有的结构性变化,全球经济治理与国际秩序正处于大调整与大变革的新阶段。②

在世界迎来百年未有之大变局背景下,一方面,不同国家、地区之间的人力资源流动日渐便利和频繁,人才流动从国内流动转向全球流动,人才竞争从国内竞争走向全球竞争,特别是南北国家之间的竞争更趋激烈。劳动力市场的国际化催生了对高素质国际化人才的需求,从而对职业院校发展和人才培养提出了新要求。③ 另一方面,全球竞争格局的重塑,导致部分发达国家贸易保护主义、单边孤立主义等势力抬头,"逆全球化"思潮一度甚嚣尘上,可能为我国职业教育国际化发展带来一些风险和不利因素。与此同时,逐步走向世界舞台中央、迎来民族复兴最好历史时期的中国,为职业教育国际化积极主动、大力作为带来了重大机遇。伴随着"一带一路"建设、全面对外开放、构建人类命运共同体等理念从提出到落地,以应用型技术技能人才培养为特色的职业教育服务经济社会发展和对外开放战略、服务中华民族伟大复兴的作用越来越凸显,职业教育的国际化发展空间和极大潜力也越来越凸显,职业教育体系建设、办学模式、标准制定、人才培养的国际视野变得日益重要。从结构视角和本质上说,职业教育国际化是由众多相互联系、相互依赖的结构要素或者部件构成,具有涌现性、非线性、开放性、自发组织性和多元性等特点,与人才培养、社会转型、经济发展

---

① 习近平. 共同构建人类命运共同体——在联合国日内瓦总部的演讲[EB/OL]. (2017-01-18) [2019-12-19]. http://www.xinhuanet.com/world/2017-01/19/c_1120340081.htm.

② 陈凤英. 十九大报告诠释全球治理之中国方案——中国对全球治理的贡献与作用[J]. 当代世界,2017(12):16-19.

③ 胡微,王亚南. 职业教育国际化:背景、趋势及战略抉择——基于新世纪以来职业教育国际化政策的分析[J]. 现代教育管理,2018(1):82-86.

和人文交流等紧密勾连,具备典型的复杂系统特征。[1] 在新的语境下,从历史逻辑、现实基础、实践路径等角度完整理解职业教育国际化发展战略与创新路径,成为新时代职业教育发展的重要课题。[2]

一、职业教育国际化政策演进

政策是行动的依据和指南,是行动的重要遵循。从这个意义上讲,明晰职业教育国际化政策的历史脉络及其逻辑,是确定新时代职业教育国际化发展战略与创新路径的基础和前提。通过梳理分析我国改革开放以来有关政策文本,可以发现职业教育国际化探索大体经历了起步、推进、提速和转型四个阶段。

(一)职业教育国际化起步期(1978—1991 年)

1978 年,党的十一届三中全会召开,拉开了改革开放的序幕,以经济为中心的现代化建设成为党和国家的工作重点,为职业教育国际化政策探索起步奠定了基础。1983 年,邓小平同志提出"教育要面向现代化、面向世界、面向未来",为教育对外开放提供了基本遵循,包括职业教育在内的教育国际化开始以世界眼光、未来视角促进教育事业发展。1985 年,中共中央印发《关于教育体制改革的决定》,强调我国教育事业与世界发达国家之间的差距问题。1991 年,国务院发布《关于大力发展职业技术教育的决定》,对职业教育的对外开放进行了直接论述,要求从国家全局和民族未来出发,进一步提高对职业技术教育战略地位和作用的认识,在大力发展职业技术教育的政策举措中提出加强与世界各国和地区及有关国际组织的

---

① 殷航.我国职业教育国际化的系统结构探析[J].现代教育管理,2019(4):6.
② 殷航.我国职业教育国际化的系统结构探析[J].现代教育管理,2019(4):6.

交流与合作,①这标志着我国职业教育国际化实现由认识到行动的转变。概而言之,从 1978 年到 1992 年,我国职业教育国际化探索处于起步阶段,开始以国际和比较视野审视职业教育发展问题,重点是学习引进国外职教先进理念和经验。

(二)职业教育国际化推进期(1992—2001 年)

1992 年邓小平同志南方谈话以后,国家进一步坚定对外开放的发展方向。党的十四大报告更是作出建立社会主义市场经济制度的决策。在此背景下,党和国家对职业教育国际化工作做出实质性规定,并积极加以推动。1995 年颁布的《中华人民共和国教育法》明确提出,鼓励"境外的组织和个人在中国境内办学和合作办学"②。1996 年颁布的《中华人民共和国职业教育法》,除对职业教育开放办学予以规定外,还提出"鼓励境外的组织和个人对职业教育提供资助和捐赠"③。在其后配套落实政策法规文件中,职业教育国际化的形式、途径及内容得到了拓展。1995 年,国家教委颁布《中外合作办学暂行规定》,提出"国家鼓励在职业教育领域开展中外合作办学"。1998 年,国家教委、国家经贸委、劳动部联合印发《关于实施〈职业教育法〉加快发展职业教育的若干意见》,在高等职业教育教材建设工作中就专门提出"加强引进国外职教优秀教材"。总之,这一时期有关职业教育的法律法规和政策文件为职业教育国际化推进期的发展奠定了基础,其政策框架逐步搭建成形。

① 中国政府网. 国务院关于大力发展职业教育的决定[EB/OL]. (2005-11-09)[2019-12-19]. http://www.gov.cn/zwgk/2005/11/09/content_94296.htm.
② 中国政府网. 中华人民共和国教育法[EB/OL]. (1995-03-18)[2019-12-19]. http://www.gov.cn/banshi/2005-05/25/content_918.htm.
③ 中国政府网. 中华人民共和国职业教育法[EB/OL]. (1996-05-15)[2019-12-19]. http://www.gov.cn/banshi/2005-05/25/content_928.htm.

(三)职业教育国际化提速期(2002—2012 年)

适应我国 2001 年加入世界贸易组织后的新形势,这一时期的职业教育国际化发展进入提速期。2002 年,国务院发布《关于大力推进职业教育改革与发展的决定》,提出"积极引进国(境)外优质职业教育资源"①。2003 年,国务院发布《中华人民共和国中外合作办学条例》(以下简称《办学条例》),提出"国家鼓励在高等教育、职业教育领域开展中外合作办学",并对中外合作办学机构的设立、组织与管理、教育教学、资产与财务、变更与终止和法律责任等作了具体规定。② 2004 年,时任教育部部长周济签署中华人民共和国教育部令第 20 号,发布《中华人民共和国中外合作办学条例实施办法》(以下简称《实施办法》),自 2004 年 7 月 1 日起施行。《办学条例》及其《实施办法》的出台,成为指导我国职业教育国际化工作和职教领域开展合作办学的重要文件。2005 年,国务院印发《关于大力发展职业教育的决定》,提出职业教育要借鉴国外有益经验,在优质资源引进、中外合作办学等方面扩大对外开放。同年,教育部下发《关于加快发展中等职业教育的意见》,提出以国(境)外优质资源引入和中外合作办学的方式提高和增强中等职业教育培养能力。随后发布的《关于实施国家示范性高等职业院校建设计划加快高等职业教育改革与发展的意见》《关于大力发展民办中等职业教育的意见》等文件都涉及国际交流与合作的相关内容。2010 年,党中央、国务院颁布《国家中长期教育改革和发展规划纲要(2010—2020 年)》,专列"扩大教育开放"章节,提出以开放促改革促发展,提高我国教育国际化水平,提升教育的国际地位、影响力和竞争力,在优质教育资源引进、政府间学历学位互认、海外办学、公

---

① 中国政府网. 国务院关于大力推进职业教育改革与发展的决定[EB/OL]. (2002-08-24)[2019-12-19]. http://www.gov.cn/govweb/gongbao/content/2002/content_61755.htm.

② 中国网. 中华人民共和国中外合作办学条例[EB/OL]. (2003-03-01)[2019-12-19]. http://www.china.com.cn/chinese/EDU-c/298520.htm.

派出国留学等方面进行了规划布局,并提出了具体的实施计划。这一阶段,我国教育对外开放进一步扩大,职业教育国际化实践推进路径逐渐明晰。

(四)职业教育国际化转型期(2012—2019年)

党的十八大以来,我国职业教育国际化逐步迈向以转型升级、提质增效为主要特征的新阶段。2013年,教育部发布《关于2013年深化教育领域综合改革的意见》①,提出扩大教育对外开放主要途径为"五个一"——落实一个计划(《留学中国计划》)、实施一个规划[《孔子学院发展规划(2012—2020年)》]、完善一个机制(市场选择和淘汰机制)、推进一个建设(教育国家合作交流综合改革试验区建设)和扩大一项职权(省级教育行政部门在教育涉外管理方面职权),职业教育国际化工作逐渐向机制化、项目化、高质量方向发展。2014年,国务院出台《关于加快发展现代职业教育的决定》,提出"到2020年,形成具有中国特色、世界水平的现代职业教育体系","实施中外职业院校合作办学项目,探索和规范职业院校到国(境)外办学",明确提出"推动与中国企业和产品'走出去'相配套的职业教育发展模式"。② 将职业教育国际化融入办学模式当中,标志着我国职业教育国际化开始由单向的借鉴与引进变为双向的合作交流与互鉴互通互享。同年,教育部等六部门联合印发《现代职业教育体系建设规划(2014—2020年)》,提出"服务国家对外开放战略……加快培养适应我国企业走出去要求的技术技能人才"③。2015年,教育部出台《关于深入推进职业教育集团

---

① 教育部.教育部关于2013年深化教育领域综合改革的意见[EB/OL].(2013-01-26)[2019-12-19].http://www.moe.gov.cn/srcsite/A27/zhggs_oth-er/201301/t20130129_148072.html.

② 中国政府网.国务院关于加快发展现代职业教育的决定[EB/OL].(2014-05-02)[2019-12-19].http://www.gov.cn/zhengce/content/2014-06/22/content_8901.htm.

③ 教育部.教育部等六部门关于印发《现代职业教育体系建设规划(2014—2020年)》的通知[EB/OL].(2014-06-16)[2019-12-19].http://old.moe.gov.cn/publicfiles/business/htmlfiles/moe/moe_630/201406/170737.html.

化办学的意见》，强调"要服务国家'一带一路'倡议"，职业教育成为国家对外开放的战略要求。2017年，国务院办公厅发布《关于深化产教融合的若干意见》，提出"开发符合国情、国际开放的校企合作培养人才和协同创新模式……推动一批中外院校和企业结对联合培养国际化应用型人才。鼓励职业教育、高等教育参与配合'一带一路'建设和国际产能合作"[①]。2018年中央全面深化改革委员会第五次会议审议通过、2019年1月国务院正式印发《国家职业教育改革实施方案》，提出"培训评价组织应对接职业标准，与国际先进标准接轨，按有关规定开发职业技能等级标准"[②]。2019年3月29日，教育部、财政部印发《关于实施中国特色高水平高职学校和专业建设计划的意见》（以下简称《意见》），就实施中国特色高水平高职学校和专业建设计划（"双高计划"）作出部署，提出集中力量建设50所左右高水平高职学校和150个左右高水平专业群，并将"提升国际化水平"列为十项改革发展任务之一，[③]在继续加强优质资源引进的基础上，制定并推出"以我为主"的国际标准（专业标准、课程标准、教学资源），打造中国职教品牌，在国际产能合作领域进行国际化技术技能人才培养及促进中外人文交流。另外，职业教育国际化的功能逐渐外显，《意见》中明确要求"探索援助发展中国家职业教育的渠道和模式"及"开展国际职业教育服务"，职业教育的"走出去"特征充分凸显。这一时期，我国职业教育国际化在内涵、方式、途径上都根植于职业教育体系建设和国家战略发展中，积极主动服务党和国家工作大局，无论是"引进来"还是"走出去"，职业教育国际化从"你来我往"的学习模仿、单向借鉴和引进吸收迈向以标准对接为导向、

① 中国政府网. 国务院办公厅关于深化产教融合的若干意见[EB/OL]. (2017-12-05)[2019-12-19]. http://www.gov.cn/zhengce/content/2017-12/19/content_5248564.htm.

② 中国政府网. 国务院关于印发国家职业教育改革实施方案的通知[EB/OL]. (2019-01-24)[2019-12-19]. http://www.gov.cn/zhengce/content/2019-02/13/content_5365341.htm.

③ 教育部. 教育部、财政部关于实施中国特色高水平高职学校和专业建设计划的意见[EB/OL]. (2019-03-29)[2019-12-19]. http://www.moe.gov.cn/srcsite/A07/moe_737/s3876_qt/201904/t20190402_376471.html.

以合作交流为基础、以互利共享和交流互鉴为旨归的质的深化。

二、职业教育国际化发展形势

(一)职业教育国际化的显著进展

党的十八大以来,以习近平新时代中国特色社会主义思想为统领,按照党中央、国务院的决策部署,我国在职业教育国际化领域积极贯彻落实《关于做好新时期教育对外开放工作的若干意见》《推进共建"一带一路"教育行动》等文件精神,坚持大力"引进来"和积极"走出去"并重,取得了显著进展。

首先,人们对职业教育国际化的战略意识日益增强,国际化办学理念逐渐深入人心。人们日益认识到,职业教育国际化是实现职业教育转型发展、质量提升的有效路径,必须上升到职业教育发展战略高度上来。在教育行政部门层面,无论是中央还是地方政府,都显著提升了对职业教育国际化发展的战略认识,纷纷出台创新举措,积极将习近平总书记关于教育对外开放的重要论述特别是院校承担国际交流与合作的职能落实到职业教育人才培养、教育教学、科学研究、社会服务和文化传承创新的全过程;在院校层面,越来越多的职业院校将国际化上升为学校发展的重大战略,推动国际交流与合作成为学校办学的重要职能和使命,成立专门机构、设立专项经费、强化队伍建设,着力提升国际化办学水平;在行业企业层面,越来越多社会机构和企业与职业院校合作,纷纷"出海",在世界经济发展的大潮中拼搏,不断提升校企合作、产教融合的国际竞争力。

其次,职业教育国际化发展环境日趋改善,诸多标志性事件为职业教育国际化发展提供了良好的内外部环境和广阔的发展空间。中国逐步走向世界舞台中心,特别是经济走向全面对外开放、"一带一路"倡议的提出并落地走实走深，十大高级别人文交流机制的建立和持续推进，中外人文交流成为新时代中国特色大国外交战略支柱和文明互鉴、民心相通的重要抓手，全国留学工作会议的召开和国际学生招生、管理等政策的持续优化，宁波等以职教为重点的国家级国际教育交流与合作综合改革试验区的建设，中外合作办学政策法规的持续完善等，都为职教国际化发展提供了有力支撑。

再次，职业教育国际化成效日益显现。我国职业教育领域已与30多个国家、10多个国际组织建立了实质性合作关系，开展了深入的交流合作，涵盖政策对话、人员互访、校际交流、人员培训、技术培训、课程开发、学校建设、科学研究等众多领域；实施了职业院校领导海外培训项目，累计选派了7000多名职业院校校长、教师到国外进修，大大提升了职业院校领导国际化水平和扩大了开放办学视野；在政府层面强化了定期对话和合作机制，2019年6月国务院副总理孙春兰率团访问德国，就深化中德职业教育合作达成重要共识；超过26个省份的高职院校开展了中外合作办学项目或机构，总量近1000个，为引进境外优质资源，坚持以开放倒逼职业教育改革、发展和创新发挥了"鲶鱼"效应和辐射作用。

最后，中国职教发展经验逐步获得国际认同，国际影响力稳步提升。积极实行配合企业"走出去"战略，一批高职院校在境外办学、援外教育领域进行了有益探索，以天津为引领的"鲁班工坊"建设初见成效；"职教＋语言"模式为孔子学院和国际中文教育事业发展提供了新的发展方向和增长亮点；面向非洲等地区国家举办了一系列职业教育培训班，援建了职业教育机构、设施，配合中国企业和产品"走出去"。此外，中国政府与联合国教科文组织连续举办了两届国际职业技术教育大会，中国职业教育改革发展得到国际职教界的赞许，职业教育的中国经验越来越受到广大发展中国家的青睐，同时也吸引越来越多的发达国家主动加强合作。

（二）职业教育国际化发展的问题挑战

在取得显著成效的同时,当前中国职业教育国际化发展还存在不少困难和问题,与高等教育、基础教育阶段的国际化发展或国际交流与合作相比还有很大提升空间和发展潜力,与国际上职业教育发达国家相比还存在不小的差距。概括起来,职业教育国际化发展中存在的问题和困难主要有:从战略认识来看,人们对职业教育国际化发展的战略地位的认识还有待提升;从顶层设计来看,国家层面还缺少对于职业教育国际化的总体设计和统筹指导;从地方发展来看,职业教育国际化与地方经济社会发展规划的匹配度还有待提高,服务经济社会发展的能力还有待增强;从院校层面来看,多数院校国际化办学理念落后,国际化工作基础薄弱,整体质量和水平还不高,"两张皮"现象明显;从队伍层面来看,职业教育国际化发展人才缺乏,无论是国际化师资还是从事国际化工作的管理人才都比较缺乏。此外,中国职教"走出去"更多还是停留在较低端层次,主要依靠政府大力支持,很多院校自身"造血"功能特别是"走出去"办学收支平衡基本难以保证,可持续发展难有保障。

站在新的历史方位看,职教国际化发展正面临着一系列新形势,需要我们提升对加快和扩大职业教育国际化发展战略意义和重要性的认识,从而开启职教国际化发展新征程。

第一,从世界职业教育发展大势来看,随着经济全球化深入发展,与经济发展联系最紧密的职业教育的国际化发展日益引起世界关注和重视,主要国家纷纷出台职业教育发展规划,有的还出台职业教育国际化的专项规划,将国际化提升到战略层面,强调职业教育要为未来国家产业发展做好准备。在国际组织方面,联合国教科文组织积极提倡加强职业教育的国际合作;欧盟、东盟等区域性组织都大力推进区域间职业资格框架的制定实施和落地,提高成员国之间职业资格认证的透明度,实现劳动者在区域间自由流动。

第二,从中国经济社会发展情况来看,中国持续稳居世界第二大经济体和世界第一大货物贸易国、第一大出口国位置,中国与世界各国在资本、商品、服务、技术、信息之间存在大规模交流和互动。新时代"一带一路"建设和全面对外开放政策更进一步加快了中国与世界经济融合交互的步伐,培养一大批具有国际视野和能力的技术技能人才是对中国职业教育发展提出的新要求。为有效应对挑战,学深学透发达国家职业教育发展的有益经验,加大与世界各国职业教育的深度交流与合作,提升职业教育管理者、决策者的国际化领导力,扩大和提升职业院校师资队伍的国际化视野和水平,推动人才培养标准与世界先进国家标准对接,成为中国职业教育与世界职业教育融通互鉴、互惠合作的必由之路。

第三,从中国职业教育发展自身来看,加快职业教育国际化发展进程是促进职教内涵式发展、加快实现职业教育现代化、建设职教强国的重要途径。截至 2018 年,中国有职业院校 1.16 万所,每年招生 926 万人,在校生近 3000 万人,其中中等职业学校 1 万所、高等职业学校 1418 所,每年向社会培养输出的技术技能人才近 1000 万人,为我国培训近亿名技术技能人才;高等职业教育、中等职业教育共有 1000 多个专业,覆盖社会发展的各个领域和市场所需求的各个岗位。而随着新技术的不断迭代,以人工智能为代表的新一代信息技术不断赋能全产业、全领域、全行业,推动数字经济蓬勃发展。在经济社会数字化转型进程中,职业教育既承担更加重要的任务,也面临着种种挑战。"职教扩招百万"计划为中国职业教育的大发展带来了重大机遇。迎来百万扩招春天的中国职业教育正如火如荼地推进质量建设,努力在未来 5—10 年推动职业教育完成由追求规模扩张向注重提高质量的转变;由参照普通教育办学模式向企业、社会参与,专业特色鲜明的类型教育转变;由政府举办为主向政府统筹管理、社会多元办学的格局转变。① 可见,实现办学重心向内涵发展、质量提升转型,是克服当前职教"生源危机"和"质量危机",摆脱发展困境的当务之急,而加快职教国际化发展进程,则为职教转型发展、质量提升提供了良好契机,也是职教未来更好发展的战略方向。

三、新时代职业教育国际化发展战略

全国教育外事工作会议标定方位、绘制蓝图、明确要求,凸显了教育对外开放在国家教育事业和全面开放新格局中的地位和作用,也为职业教育国际化发展指明了方向。加快和扩大新时代职业教育国际化发展,要积极贯彻落实习近平总书记关于教育对外开放的重要论述精神,围绕全国教育外事工作会议对教育对外开放工作所进行的动员部署来推进。

(一)职业教育国际化的总体考虑

第一,要进一步提升对新时代职教国际化的战略认识。要深刻认识职业教育国际化工作的重要性、紧迫性,为加快和扩大新时代教育对外开放提供有力支撑。职业教育国际化要坚持服务职业教育和国家教育改革发展全局和外交工作大局,实现蓝图更清晰、布局更宽广、助力更显著、品牌更鲜明、影响更深远、为党和国家工作大局贡献更彰显的战略目标;要着眼国内外环境和条件变化,深刻认识和准确把握职业教育国际化面临的新形势新挑战,牢牢把握转型升级、提质增效总要求,系统优化整体布局,大力培养人才,着力破除体制机制障碍,深入参与全球治理,有效防范化解风险,进一步提升职业教育国际化在整个教育对外开放中的贡献力和影响力。

第二,要进一步提升新时代职业国际化发展的战略定位。做好新时代

---

① 叶雨婷.职教未来要实现质量转身[N].中国青年报,2019-12-16(6).

职业教育国际化事业,要在主动适应世界百年未有之大变局、主动服务中华民族进入伟大复兴最好时期大局中做好统筹谋划,在政策执行节奏和力度的精准性上下功夫;要学会用系统思维构建治理体系,推动开放发展法律法规、管理体制水平向国际先进看齐;要用改革的办法解决开放的体制机制障碍,破解各种风险挑战,全面、辩证、科学、积极地分析研判形势,全要素、全过程地找准突破口和切入点。

第三,要进一步聚焦提升职业教育国际化质量水平和国际影响力、贡献力。随着"一带一路"建设持续推进,职业教育服务国际产能合作和中外人文交流的平台作用和支撑作用日益凸显。提高职业教育国际化水平,是加快和扩大教育开放的重要方面,是新时代职业教育现代化的重要内涵,是职业教育大改革大发展的重要机遇。地方政府要把职业教育国际化作为职业教育新的发展动力,把"走出去"与"引进来"有机结合,把"一带一路"共商共建共享理念落到实处;行业企业要联合职业学校"走出去",为产业界合作提供更多便利条件;院校要加强互联互通,与行业企业、科研院所等组成职业教育集团开展国际交流与合作,努力提升中国职业教育国际影响力和产业国际竞争力。

(二)职业教育国际化的职责使命

职业教育高质量发展、全面对外开放、"一带一路"建设为新时代职业教育国际化开辟了新方向,也从"职业教育"和"国际化"两个维度带来了新机遇。

第一,服务更高质量的职业教育发展。职业教育是国民教育体系和人力资源开发的重要组成部分,是培养多样化人才、传承技术技能、促进就业创业以及推动经济社会发展的重要途径。党的十八大以来,以习近平同志为核心的党中央高度重视现代职业教育发展。2014年6月23—24日,全国职业教育工作会议在京召开,习近平总书记就加快发展职业教育作出重要指示：“各级党委和政府要把加快发展现代职业教育摆在更加突出的位置，更好支持和帮助职业教育发展，为实现‘两个一百年’奋斗目标和中华民族伟大复兴的中国梦提供坚实人才保障。”①2015 年 6 月 17 日，习近平总书记考察贵州省机械工业学校时，强调“各行各业需要大批科技人才，也需要大批技能型人才。职业教育是我国教育体系中的重要组成部分，是培养高素质技能型人才的基础工程”②。2016 年 5 月 16 日，习近平主持召开中央财经领导小组第十三次会议，提出“必须强化人力资本，加大人力资本投入力度，着力把教育质量搞上去，建设现代职业教育体系”③。2017 年 10 月 18 日，党的十九大报告提出，“完善职业教育和培训体系，深化产教融合、校企合作”，“大规模开展职业技能培训，注重解决结构性就业矛盾，鼓励创业带动就业”。④ 2018 年 11 月 14 日，习近平总书记主持召开中央全面深化改革委员会第五次会议，强调“要把职业教育摆在更加突出的位置，对接科技发展趋势和市场需求，着力培养高素质劳动者和技术技能人才，为促进经济社会发展和提高国家竞争力提供优质人才资源支撑”⑤。2019 年 8 月 20 日，习近平主席考察张掖市山丹培黎学校，提出“我国经济要靠实体经济做支撑，这就需要大量专业技术人才，需要大批大国工匠。职业教育前景广阔、大有可为”⑥。2017 年 9 月 8 日，李克强总理在天津考察职业教育时强调“办更高水平教育，育更多优秀人才，为促进经济社会健康发

① 习近平. 就加快发展职业教育作出重要指示[N]. 人民日报，2014-06-24(1).
② 习近平. 在考察贵州省机械工业学校时的谈话[N]. 人民日报，2015-06-19(1).
③ 习近平. 习近平主持召开中央财经领导小组第十三次会议强调，坚定不移推进供给侧结构性改革在发展中不断扩大中等收入群体[N]. 人民日报，2016-05-17(1).
④ 习近平. 决胜全面建成小康社会 夺取新时代中国特色社会主义伟大胜利——在中国共产党第十九次全国代表大会上的报告[N]. 人民日报，2017-10-28(1).
⑤ 新华社. 习近平主持召开中央全面深化改革委员会第五次会议[EB/OL]. (2018-11-14)[2019-12-19]. http://www.scopsr.gov.cn/zlzx/sgzhy/201812/t20181228_358886.html.
⑥ 新华网. 习近平考察山丹培黎学校[EB/OL]. (2019-08-23)[2019-12-19]. http://www.china.com.cn/education/2019-08/23/content_75129482.htm.

展提供坚实支撑"①。2018年1月10日,李克强总理出席澜沧江—湄公河合作第二次领导人会议时指出"提升人力资源合作。推进职业院校合作,支持在湄公河国家设立澜湄职业教育中心"②。《2019年政府工作报告》提出"加快发展现代职业教育,既有利于缓解当前就业压力,也是解决高技能人才短缺的战略之举"③。可见,构建中国特色、世界水平的现代职业教育体系,培养高素质的劳动者、高技能人才,迫切要求高水平的职业教育,而坚持以开放促改革促发展促创新的职业教育国际化,必然要服务于新时代更高质量的职业教育发展战略。当前,我国应紧紧围绕贯彻落实《国家职业教育改革实施方案》要求,瞄准实现职业教育现代化目标,把职业教育作为教育领域开展国际交流与合作的重点,努力将其纳入各大人文交流机制中去,以更加开放的心态,深化既有合作关系,拓展新的合作关系,承担更多国际责任,全面提高职业教育国际化水平。

第二,服务更高水平的全面对外开放。把握好新时代对外开放的新要求,实施更大范围、更宽领域、更深层次的全面开放,以高水平对外开放推动经济高质量发展,是完善社会主义市场经济体制的题中应有之义,是全面深化改革、抓住和用好我国发展重要战略机遇期的必然需求,对于坚持和完善中国特色社会主义制度,推进国家治理体系和治理能力现代化,推动构建人类命运共同体具有重要意义。大力发展作为实施科教兴国和创新驱动发展战略、建设教育强国和人力资源强国、促进社会主义现代化建设重要支撑的职业教育,必然要适应服务更高水平的全面对外开放的新要求。2018年7月,李克强总理与德国总理默克尔共同主持第五轮中德政

① 新华社.李克强:办更高水平教育育更多优秀人才为促进经济社会健康发展提供坚实支撑[EB/OL].(2017-09-09)[2019-12-19].http://www.xinhuanet.com//2017/09/09/c_1121636916.htm.

② 新华网.李克强:打造澜湄流域经济发展带建设澜湄国家命运共同体[EB/OL].(2018-01-11)[2019-12-19].http://www.xinhuanet.com/world/2018/01/11/c_1122240849.htm.

③ 李克强.政府工作报告——2019年3月5日在第十三届全国人民代表大会第二次会议上的讲话[EB/OL].(2019-03-06)[2019-12-19].http://www.gov.cn/zhuanti/2019qglh/2019lhzfgzbg/.

府磋商时,强调要"扩大人文交流,加强高等教育、职业教育、语言教学、学生交流项目等合作,推进青年创新创业交流"①。2019 年 9 月,习近平主席在会见德国总理默克尔时,指出"中方扩大开放说到做到。中国市场足够大,而且随着发展会越来越大,将给德国和世界各国带来更多新机遇。双方应保持开放前瞻意识,在自动驾驶、新能源汽车、智能制造、人工智能、数字化和 5G 等新兴领域加强合作,共同培育和开拓未来市场"②。

2019 年 12 月 5 日,教育部发布的《中华人民共和国职业教育法修订草案(征求意见稿)》中,新增的"国家鼓励职业教育领域的国际交流与合作,支持引进海外优质职业教育资源,鼓励招收职业教育类别留学生,支持职业教育机构赴海外办学,鼓励开展多种形式的职业教育资格资历互认"③等内容,都彰显出未来中国将继续扩大对外开放。进一步深化合作,在数字经济、轨道交通、现代物流、电子商务、文化旅游、健康养老等领域加强与世界各国职业教育的高水平合作和高素质技术技能人才培养合作,特别是在中国制造 2025 和产业转型升级背景下,服务更深层次的对外开放,这是职业教育必须主动肩负的责任和使命。

第三,服务日益做深走实的"一带一路"建设。推进共建"一带一路"是新时代我国实行全方位对外开放的重大举措,是推动构建人类命运共同体的重要实践平台,是破解人类发展难题、实现共同繁荣的中国智慧和中国方案。习近平总书记主持全面深化改革领导小组会议审议通过的《关于做好新时代教育对外开放工作的若干意见》《关于加强和改进中外人文交流工作的若干意见》和主持中央全面深化改革委员会会议审议通过的《关于

① 崔文毅,任珂.李克强与德国总理默克尔共同主持第五轮中德政府磋商时强调面向未来双向开放合作共赢[N].人民日报,2018-07-10(1).

② 新华社.习近平会见德国总理默克尔[EB/OL].(2019-09-06)[2019-12-19].http://www.12371.cn/2019/09/06/ARTI1567770567314547.shtml.

③ 教育部.关于《中华人民共和国职业教育法修订草案(征求意见稿)》公开征求意见的公告[EB/OL].(2019-12-05)[2019-12-18].http://www.moe.gov.cn/jyb_xwfb/s248/201912/t20191205_410969.html.

推进孔子学院改革发展的指导意见》等文件,构建了新时代教育对外开放的"四梁八柱"。其中,《关于做好新时期教育对外开放工作的若干意见》将"实施'一带一路'教育行动"列为六大重点任务之一;由国家发展改革委、外交部、商务部经国务院授权发布的《推动共建丝绸之路经济带和21世纪海上丝绸之路的愿景与行动》,提出"一带一路"要促进"民心相通,广泛开展文化交流、人才交流合作"。教育部基于上述两个上位文件而出台的《推进共建"一带一路"教育行动》,系统描绘了推进共建"一带一路"教育行动的愿景目标、主要原则、重点领域、行动方略等各个方面内容,突出强调民心相通和人才培养。国务院印发的《国家教育事业发展"十三五"规划》,提出"实施共建'一带一路'教育行动、开展教育互联互通、人才培养培训"。2018年,习近平在全国教育大会上强调"要扩大教育开放,提升中国教育世界影响力"。其后,中共中央、国务院印发的《中国教育现代化2035》将"扎实推进'一带一路'教育行动"作为重要任务;中办、国办印发的《加快推进教育现代化实施方案(2018—2022年)》要求"推进共建'一带一路'教育行动,加快培养高层次国际化人才"。从以上政策文件可知,推进共建"一带一路"教育行动是新时代教育对外开放的重要内容。"一带一路"倡议和中国企业"走出去",必然要求扩大与沿线国家合作,也必然要求作为与普通教育同等重要的职业教育积极服务逐步走向深入的"一带一路"建设。

(三)职业教育国际化的坚守原则

在新的历史时期,职业教育国际化发展战略为其实践提供了新方向,对当前乃至今后的职业教育国际化提出了新要求。

第一,坚持扎根中国大地、融通中外。坚持扎根中国大地、融通中外是新时代职业教育国际化的基本方向。2018年9月,习近平总书记在全国教育大会上强调要"坚持扎根中国大地办教育"。2019年3月,习近平总书记在学校思想政治理论课教师座谈会上再一次强调要"扎根中国大地办教育"。扎根中国大地的职业教育国际化是指新时代职业教育要直面中国的实际问题、实践需求、发展现实,把读懂、理解和把握中国职业教育作为最重要的时代课题和基础资源。具体而言,新时代扎根中国大地的职业教育国际化有三个维度:一是理解中国职业教育的发展历史。知来处,才能明去处;不忘本来,才能更好面向未来。对从早期非学校化的职业教育、近代职业教育到新中国 70 年职业教育历史轨迹的系统梳理和全面了解,有助于把握中国职业教育特色的历史文脉,这是中国职业教育之"根"。引进、学习、借鉴国外职业教育标准、课程、资源需在此"根"上发端和孕育、消化和吸收,此乃中国职业教育的精神之基和动力之源。二是理解当代中国职业教育发展现实。当下是连续过去与未来的时间,对当下的把握是要既清楚中国职业教育发展的时代特征与问题,也要明白发展的优势与特色,还能清晰当前发展的机遇、挑战与问题,这是对自身发展的当下诠释。三是理解中国职业教育所处的世界环境。从同一时间范围看,把中国职业教育置于世界的空间坐标中认识其位置,知道自身与世界的共通性及不同国家职业教育之间的差异性,此所谓"知己者明,知彼者智,知时者得"。

第二,坚持"引进来"与"走出去"并重。在继续加强学习借鉴的同时,鼓励中国职业院校走出国门,与各国分享职业教育经验和成果,这是职业教育国际化的主要路径。目前主要有三个发展层次:一是"以他为主"的"引进来"与"走出去"。"引进来"主要是引进国外优质教育资源、国际职业标准、专业课程、教材体系和数字化教育资源;"走出去"是师生走出去交流、学习。二是"以我为主"的"引进来"与"走出去"。"引进来"方面,调整留学结构,扩大留学规模,向"一带一路"沿线国家倾斜,招收东亚、东南亚等地区学生来华学习;"走出去"方面,推进"一带一路"沿线各国优质教育教学标准、国(境)外办学、积极参与职业教育国际标准与规则的研究制定,开发与之对应的专业标准和课程体系;建设海外基地,弘扬中国传统文化;广泛参与国际职业教育合作与发展、开展"一带一路"沿线国家的职业教育援助。三是融合创新基础上的"引进来"与"走出去"。在"以他为主"的基础上内化和转化,结合学校办学实际创新"以他为主"时"引进来"的优质教育资源、教育教学标准等,生成具有中国文化、学校特色的教育资源、教育教学标准,再"走出去"。这是融汇先进的教育理念后的自我更新,是更高层次的"引进来"和"走出去"。

第三,坚持可持续的质量提升。可持续发展是当今世界的核心关切。2015年,联合国可持续发展峰会审议通过《改变我们的世界:2030年可持续发展议程》。其后,联合国教科文组织国际教育大会上审议通过《教育2030:行动框架》。这两份面向2030年的全球发展议程和世界教育发展议程,以"可持续发展"理念为核心,突出强调终身学习和终身框架下人和教育的可持续发展问题,提出"全面整合的可持续变革"新命题和"优质、公平、有质量"的教育新要求。在此发展理念下,新时代的职业教育国际化将追求更有质量、更加公平、更可持续的发展。从空间维度看,职业教育国际化从单向的学习、引进与借鉴走向双向互动的学历互认、师生互访、平台共建和多向创生的标准重构、国际参与,这是职业教育国际化逐渐走向深入、迈向深层、转向深度的发展趋势,其实质是职业教育国际化质量不断提升的发展趋向。从时间维度看,联合国2030年可持续发展目标之"优质教育",提出"大幅增加掌握就业、体面工作和创业所需的相关技能","确保所有进行学习的人都掌握可持续发展所需的知识和技能",这对职业教育提出了包容、公平、有质量、可持续的发展要求。教育国际化作为职业教育的重要内容和提升职业教育质量的重要途径,其可持续的质量提升将是优质职业教育的重要支撑。

四、新时代职业教育国际化创新路径

如上所述,职业教育国际化如何在服务党和国家工作大局中找准定位、如何在扎根中国大地的基础上融通中外、如何坚持"引进来"与"走出去"并重、如何促进可持续的质量提升,是新时代职业教育国际化发展必须回答好的时代之问。欲将职业教育国际化发展战略转化为行动中的实践力量,建议可以从以下几个方面着力。

(一)提高职业教育国际化的战略认识

要提升战略自觉。新中国 70 多年国际教育交流与合作的历史证明,包括职业教育在内的国际化事业发展始终与教育现代化和国家现代化同向同行,受到政治、经济、文化、学术等内部因素和国际格局、对外关系等外部环境影响,其中最根本的还是由一国综合国力和整体实力决定。习近平总书记关于教育对外开放的重要论述告诉我们,做好包括职业教育在内的国际化事业,有助于在互容互鉴互通中增强中国的综合实力,有利于整体提升我国人才培养的质量水平,有利于在提高我国各种软硬实力中壮大知华友华为华的国际力量。

要提升战略自信。今天的中国,已成为全球有影响力的国际教育中心之一,不但拥有世界最大规模的外语学习人口,而且已建成世界影响最大的语言推广机构;不但持续保持世界最大的国际学生生源国地位,而且稳居亚洲最大留学目的地国位置;不但成为引进世界优质教育资源开展合作办学最多的国家,而且成为积极探索境外办学、重点为"一带一路"沿线国家提供教育服务公共产品的最大发展中国家;不但在世界百年未有之大变局中始终保持战略定力,始终坚持打开国门搞建设,始终坚持教育对外开放毫不动摇,加快和扩大教育对外开放,学习世界一切有益的文明成果,努力做强中国教育,对内服务构筑中华民族精神共同体、实现中华民族伟大复兴的中国梦,而且对外积极共建"一带一路"教育共同体,深化双边多边教育合作,参与和引导全球教育和人文治理变革,成为全球最大的成体系成规模、官民并举、旗帜鲜明加快教育有序开放、推动人文交流和文明互鉴、服务构建人类命运共同体的世界大国。① 这些都是加快扩大对外开放、做好新时代职业教育国际化的坚实基础和自信之源。习近平总书记关于教育对外开放的重要论述,基于全球治理赤字、发展赤字、信任赤字和人类面临何处去的大背景,始终坚持把教育置于服务中华民族伟大复兴和构筑人类命运共同体的重要使命这一高度来推进,既坚持原有多边世界格局和秩序,又不忘有理有利有节地推出共建"一带一路"等助力走向民族复兴、服务人类进步的擘画;既坚持以我为主、扎根中国大地办好教育,又以海纳百川的博大胸怀,学习借鉴世界一切国家和民族优秀文明成果;既积极搭建民心相通、文明互鉴的人文交流桥梁,又积极传播中国声音、讲好中国故事、塑造中国形象,为实现强国目标和民族复兴营造有利的外部发展环境。

要提升战略作为。职业教育国际化或国际交流与合作应成为职业院校的基本职能和使命,要在积极主动服务职业教育改革发展、国家教育现代化建设和"走出去"战略中,促进与教育教学、人才培养、社会服务、科学研究、文化传承与创新等职能深度融合。第一,做好职业教育国际化发展事业,是深化职业教育改革发展的必然要求,因为它与经济、社会发展最密切相关,是服务全面对外开放和"一带一路"建设、深化我国与世界融合发展的有力抓手,是贯彻职教20条的重要支柱,必将为职业教育大发展带来先进的理念、思想、模式、方法和优质的资源。第二,做好职业教育国际化发展事业,也是中国教育现代化的必然要求。实现教育现代化、做强中国教育是民族复兴的基础工程,在全方位对外开放新格局中开展中外人文交流、促进民心相通是促进"一带一路"建设的基础,推进各国人民相知相亲、搭建民心相通桥梁是教育的职责使命。同样道理,职业教育是整个国家教育体系的重要组成部分,职业教育的现代化既是国家教育现代化的重要内

① 熊建辉.互容、互鉴、互通——新中国70年教育国际交流与合作之路[J].神州学人,2019(9-10):6-13.

容,也是教育现代化的重要支撑。职业教育国际化要坚持以开放促改革促发展,提升国际交流与合作水平,成为教育现代化的有力支撑。第三,做好职业教育国际化,还是履行负责任大国担当角色的必然要求和重要手段。进入新时代,深度参与全球治理,打造中国职业教育品牌,走向世界教育舞台中心,对职业教育国际化提出了新的更高要求。做好职业教育国际化是服务国家重大战略、提高职业教育办学水平的重要举措,是推进各国人民相知相亲、搭建民心相通桥梁、助力人类命运共同体建设的重要支撑,是不断提升我国职业教育质量、服务职业教育现代化,拓展中外人文交流、建设教育强国和提升国家软实力的重要内容。

(二)强化职业教育国际化顶层设计和落地举措

要抓住"十四五"规划的重要契机,在明确使命、优化布局、做强教育、提升质量、完善治理上加强顶层设计与行动方案,开创职业教育国际化发展新格局。

要着眼长远,把职业教育国际化视为服务职业教育现代化、实现《中国教育现代化 2035》的重要支撑,要围绕贯彻落实职教 20 条和教育对外开放 30 条,加强顶层设计,在国家层面出台职业教育国际化专项行动文件,对当前和未来一段时期职业教育国际化发展提出明确要求。

要着眼高度,把职业教育国际化作为促进产业升级、融入国家"一带一路"倡议、服务精准扶贫战略和新时代经济高质量发展的重要路径,实现职业院校国际化办学水平明显提升;加大国际通用资格证书引进力度;提升管理和师资队伍国际化水平;拓宽国际视野,提升学生全球化适应、生存和竞争能力。

要立足当下,扎实推进共进"一带一路"教育行动。要以"一带一路"沿线为重点,聚力建设"一带一路"教育共同体和深化国际教育合作、加强中外人文交流的"一体两翼"发展战略,为中国产业走向全球产业中高端培养高素质国际化技术技能人才,开展"语言＋人才"培养模式改革,提高出国留学人才培养质量,打造留学中国质量品牌,同世界一流资源开展高水平合作办学,提升境外办学水平,建设体现中国特色、世界水平的职业教育。

(三)助力做强中国职业教育

做好职业教育国际化事业,要始终坚持服务做强中国职业教育、实现职业教育现代化这一大目标。一是助力形成按照类型教育特点办学的制度和标准体系,为学生多元成长搭建更多的成长平台;二是助力建立从中职、专科、本科一直到专业学位研究生,从学历教育到职业培训的纵向贯通、横向融通的现代职业教育体系;三是助力更好促进充分就业,扩大中等收入群体,服务国家和地方经济社会发展;四是助力激发行业企业参与职业教育的内生动力,推动职业院校和行业企业形成命运共同体。

具体来说,要以"双高"院校建设为抓手,开展高水平国际化人才培养培训。开展基于学分互认、学期互换的学生校际交流,伴随企业"走出去",加强学生海外顶岗实习、学习和暑期社会实践,招收"一带一路"沿线国家来华留学生进行订单式培养。开展教师海外培训和专业研修,选派优秀中青年骨干教师赴海外应用技术类高校访学交流;进行"一带一路"沿线国家的企业、职业教育相关人员技术技能培训,支持发展中国家建立职业培训中心;建立专业外教准入机制,引入职业教育高端专家、技术技能大师。引进国际职业教育先进标准体系、国际通用的专业教育教学标准和课程体系,结合中国职业教育实际在本土运用和实践,构建具有中国特色、世界水平的职业教育标准体系,联合知名企业,将企业技术标准、产品标准转化为课程标准、培训标准,将标准向"一带一路"沿线国家推广。

(四)推进职业教育多向涉外办学

第一,开展多元合作,既可以是坚持政府合作与民间合作相结合,调动各方面积极性,全方位、多角度、深层次地开展各领域的合作;也可以是教育合作与产业合作相结合,深化产教融合、校企合作,注重发展与中国企业和产品"走出去"相配套的职业教育模式。"合作办学拓宽了我国人才培养途径,丰富了国内特别是高等教育资源的供给,同时也以文化交流窗口的形式,服务中外人文交流、促进全面对外开放和社会主义现代化建设,沟通中国与世界的重要途径。"①通过政府合作机制在职业教育组织和职业院校间的国际交流,与信誉好的国际组织、对外合作组织、海外院校、大型国际企业进行合作,与专业对口的国外院校建立"一对一"合作关系、举办合作办学项目。要重点引进国际优质职教资源,学深悟透,厚积薄发,结合中国实际,形成真正的、有效的、他国难以取代的"中国经验"和"中国方案"。

第二,合作开展技术研究、制定技术标准,开展国际课程和学分互认机制,与海外高校和机构开展学分互认、课程互选、联合教学。

第三,在海外建立分院,与海外院校合作办学形成"政—校—行—企"的协同海外办学模式和与海外高校、知名外资企业的合作模式。在中国职教"走出去"方面,立足服务"走出去"企业是一种发展路径;另一种重要战略路径也值得探索,即着眼服务中国文化"走出去"。以文化传承和创新为使命,实施中国文化"借船出海"战略,以中国茶艺、中国厨艺、中国传统服饰、中国传统手工艺等独具中国特色且易于被国际社会普遍接受、喜闻乐见、日常生活所需的技术技能传授为载体,切入中文和中国文化传播。在实践中,职业院校可以与孔子学院携手合作,发挥各自优势,互补不足,也可消弭当前部分国家出现的对孔子学院发展的"杂音"。

(五)积极参与全球治理,提升中国职教国际影响力

积极举办国际赛事或研讨会,提升影响。利用中外职业教育国际联盟,搭建国际大赛平台;举办高水平国际论坛,打造"职教达沃斯"品牌;依

---

① 熊建辉.中外合作办学的发展阶段与展望[N].学习时报,2019-01-18(6).

托"一带一路"职业教育联盟，举办国际研讨会。提升中国职业院校技能大赛国际化程度，将更多的国际理念、国际元素、国际标准、竞赛规程等引入大赛，逐步推动大赛与同类型国际大赛接轨，向国际性、综合性大赛平台发展。

实现双向留学规模与人才培养质量大幅提升。加大优秀职教生海外选派力度，实施留学中国双高专项计划，提升来华留学生教育质量和管理水平；依托结对合作院校，共建职业技术技能型孔子学院或开办孔子课堂，传播中国文化；选拔推荐优秀人才到职教组织任职、工作，积极参加国际职业教育领域规则和标准制定，提升中国职业教育的国际地位，在全球职业教育领域的影响力和贡献力。

实现涉外办学结构明显优化、办学质量显著提升。围绕战略性新兴产业布局，进一步优化中外合作办学专业机构，建设若干示范性中外合作办学机构和项目；积极探索与国际高水平教育质量评价机构合作，建立反映职业教育中外合作办学特色、具有广泛社会公信力和国际可比性的中外合作办学质量认证标准和机制，推动合作办学质量提升和健康发展；加大力度实施"鲁班工坊"建设计划，深化推动产教协同"走出去"办学，传播"中国职教故事"和"大国工匠精神"。

实现服务国家对外开放战略能力明显提升。深入参与人文交流，巩固成果、提升水平；加强"一带一路"沿线国家职教互联互通；积极开展职业教育国际援助。

实现职业教育国际影响力、竞争力明显提升。联合跨国企业和海外教育机构，与联合国教科文组织职业教育创新中心、职业教育研究与培训中心，联合国教科文组织计划框架内知名职业教育研究与合作平台，世界职业学院与技术大学联盟等合作，深度参与全球教育治理。积极参与国际标准制定，推动中国职业教育专业标准、课程标准、质量标准与国际接轨；鼓励职业院校在国际工程教育互认体系（《华盛顿协议》《都柏林协议》《悉尼协议》）框架内开展国际专业认证。

第七章　同世界一流教育资源开展高水平合作办学

　　1978 年,中国开启了改革开放的伟大征程。以邓小平同志作出扩大派遣留学生的重要决策为起点,中国教育迈出了对外开放的历史性步伐。教育对外开放从此成为国家改革开放事业的重要组成部分,肩负着培养优秀人才、促进中外人文交流、服务社会主义现代化建设的重要使命。作为跨境教育在中国境内的主要实现形式,诞生于改革开放 40 多年历史进程中的中外合作办学,从无到有、从小到大、从弱到强,由中国教育改革发展事业的有益补充逐步演变为重要组成部分,演变为中国教育对外开放乃至整个改革开放事业的重要组成部分,在推动中国办学体制改革、拓宽人才培养途径、促进全面对外开放、满足人民多样化优质教育需求等方面发挥了积极作用,做出了显著贡献。习近平总书记在全国教育大会上强调要扎根中国大地办教育,融通中外,坚持中国特色社会主义教育发展道路,培养德智体美劳全面发展的社会主义建设者和接班人;要扩大教育对外开放,同世界一流资源开展高水平合作办学,提升中国教育的世界影响力。习近平总书记的重要论述为开启新时代中外合作办学新征程指明了新方向,必将夯实合作办学这一加快教育现代化、建设教育强国、办好人民满意教育的重要增长极。[①]

一、中外合作办学发展总体情况

在改革开放的历史进程中，教育在其中发挥了重要作用，以邓小平作出扩大派遣留学生的重要决策为起点，中国教育对外开放迈出了历史性步伐。40 多年来，作为跨境教育在我国境内的主要形式和我国教育对外开放的重要内容，中外合作办学事业蓬勃发展，从国家教育改革发展事业的有益补充发展成为不可缺少的重要组成部分，在扎根中国、融通中外中走出了一条不平凡的"中国路"。[②]

在探索中起步。改革开放初期，封闭半封闭的国门打开后，我国教育对外交流得到全面恢复和初步发展。1983 年，中德合作南京建筑职业技术教育中心成立，1986 年，中美合作南京大学—霍普金斯大学中美文化交流中心成立，这分别是中外合作职教和高教机构诞生的标志，可以说合作办学在探索中起步。1986 年，国家教委首次就规范教育合作项目的管理工作发布《关于加强合作项目学校建设的意见》。1993 年，中共中央、国务院颁布《中国教育改革和发展纲要》，明确将中外合作办学等形式的对外教育交流作为一个整体，全面规划其推进实施。同年，国家教委发布的《关于境外机构和个人来华合作办学问题的通知》，则为合作办学走向正规化发展奠定了基础。这一时期，从一开始就旨在引进优质教育资源，让中国教育事业充分吸收借鉴世界文明成果的合作办学，以项目合作为开端，重在合作项目的学校建设，与民办教育一道打破了计划经济时代的一元办学格局，为一批有出国留学意愿的学子提供了"不出国门留学"的机会。

在市场经济转型中快速发展。20 世纪 90 年代，我国教育立法工作取

---

① 熊建辉，陈慧荣.同世界一流资源开展高水平合作办学——改革开放 40 年中外合作办学之路[J].神州学人，2019(Z)：8-13.

② 熊建辉.中外合作办学的发展阶段与展望[N].学习时报，2019-01-18(6).

得重大进展,合作办学在教育立法的快车道上迎来重要的发展机遇期。首先是伴随着以教育法为核心的较为完整的教育法律体系逐步建立,合作办学的主体、内容、途径、管理权限及其重要性等在其中都得到了体现和确认。其次是在后续一系列政策设计中不断细化、走向规范管理,特别是1995 年国家教委颁布的《中外合作办学暂行规定》,就中外合作办学的意义、性质、应遵循的原则、审批标准及程序、办学主体及领导体制、证书发放及文凭学位授予、监督体制等各个方面进行了全方位的详细规定,搭建起了合作办学政策的基本框架,为合作办学提供了直接可遵循的政策依据。这一时期,合作办学规模迅速扩大,截至 2002 年底就已经覆盖整个教育体系。在市场经济大潮中,中外合作办学为吸引外资注入中国教育发挥了积极作用,也为变革我国传统的教学和管理模式、促进不同学校之间的良性竞争、提高办学质量和效益发挥了积极作用。

"入世"后推动有法可依、调适发展。加入世贸组织后,我国陆续修改多项政策法规。作为教育服务贸易重要形式的中外合作办学,由此也进入了调适发展阶段。这种调适是在对两份重要文件的遵循下进行的。一份是 2003 年国务院颁布的《中华人民共和国中外合作办学条例》,另一份是2004 年教育部颁布的《中华人民共和国中外合作办学条例实施办法》。这两份文件解决了"有法可依"的问题,为合作办学健康发展提供了有力的政策保障。这一时期,合作办学规模增长相对放缓,数量趋于平稳。其中,最引人瞩目的工作是以提高办学质量、规范办学秩序为目的的合作办学评估工作的启动。通过建立质量评估机制,就合作办学机构和项目的办学思路、资产管理、教学质量、师资队伍、社会评价、内外部效益等关键内容和环节进行评估、加强监管,从而有力强化了国家对合作办学的规范管理,促进了依法办学,提高了合作办学的水平和可持续发展能力。

迈向转型升级、内涵发展的新阶段。伴随着中国教育对外开放从"扩大"迈向"做好",中外合作办学亦进入转型升级、内涵发展的新时代。2010

年，中共中央、国务院颁布的教育规划纲要，积极鼓励探索多种形式利用优质教育资源，办好若干所示范性中外合作学校和一批中外合作办学项目。教育部随后陆续出台一系列规范性文件，推动合作办学政策法规的不断完善。2016年初，中办国办印发的《关于做好新时期教育对外开放工作的若干意见》明确提出，要"完善体制机制，提升涉外办学水平。通过完善准入制度，改革审批制度，开展评估认证，强化退出机制，加强信息公开，建立成功经验共享机制，重点围绕国家急需的自然科学和工程科学类专业建设，引进国外优质资源，全面提升合作办学质量"。随后，教育部在《推进共建"一带一路"教育行动》配套文件中提出"丝绸之路"合作办学计划，中组部党组、教育部党组还发布《关于加强高校中外合作办学党的建设工作的通知》，指导中外合作办学党的建设工作。这一时期，中外合作办学事业取得了长足发展，辐射作用也日益凸显，在国内社会的认可度和国际社会的影响力亦逐渐显现。截至2018年12月，全国经批准设立或举办的中外合作办学机构、项目总数为2389个。中外合作大学生生源遍布70多个国家和地区，吸引和招收优质国际生源成为其新亮点。

经过40多年的不懈探索，我国已成为全球一流大学和优质教育资源最大办学合作方。合作办学拓宽了我国人才培养途径，丰富了国内特别是高等教育资源的供给，同时也以文化交流窗口的形式，成为服务中外人文交流、促进全面对外开放和社会主义现代化建设，沟通中国与世界的重要途径。

在新的历史起点上，中外合作办学已上升为中国全面深化改革、扩大对外开放、做强中国教育的重大举措。一方面，随着我国经济水平发展跃升、人民生活水平不断提高、教育消费和投入力度不断加大，人民对教育提出了更多更高的期待，对中外合作办学资源引入、过程监管和精准服务也提出了新的要求；另一方面，习近平有关合作办学的最新论述，都昭示着中外合作办学在中央新一轮教育对外开放国策中的战略意义，都表明高水平办学才是未来方向。

展望未来，中外合作办学要在以下方面继续发力：一是引进一流资源的同时也增强对国际教育的供给。二是更好地发挥好项目、好机构的示范引领以及对国内教育教学改革的"辐射"作用和"鲶鱼"效应。三是分类引导和优化布局，避免低水平重复建设和过度竞争，优化中外合作办学的区域布局、办学层次布局、学科专业布局、外方院校国别布局，在合作办学中做强各级各类教育。四是既开"窗户"又设"纱窗"，提高资源引入、过程监管和精准服务的水准，做好教育涉外办学监管工作。

二、中外合作办学发展演进历程

回望改革开放 40 多年中外合作办学之路，大致可分为四个发展阶段。[①]

(一)起步探索阶段

中共十一届三中全会以后，中国教育对外交流很快得到全面恢复和发展。1978 年，教育部、国家科委等颁布的《关于在科技领域加强对联合国教科文组织的利用问题的请示》和 1979 年教育部颁布的《关于开展校际交流的几点意见》，都提到关于对外教育交流的相关政策，为探索全新的办学形式奠定了基础。1983 年，中共中央、国务院颁发《关于引进外国智力以利"四化"建设的决定》，提出引进国外人才是加快我国"四化"建设的战略方针，为中国全面引进国外优质教育资源、开展实质性中外合作办学奠定了重要基础。同年 10 月，邓小平在为景山学校题词时提出"教育要面向现代化、面向世界、面向未来"。其中，"面向世界"的重要内容之一是积极开

---

① 熊建辉,陈慧荣.同世界一流资源开展高水平合作办学——改革开放 40 年中外合作办学之路[J].神州学人,2019(Z):8-13.

展对外教育交流，吸取世界各国的先进教育经验，是中国特色社会主义教育理论和教育国际化思想的集中体现，也是此后陆续出台的一系列中外合作办学文件的指导思想。

1985 年颁布的《中共中央关于教育体制改革的决定》强调，要通过各种可能的途径，加强对外交流，使我们的教育事业建立在当代世界文明成果的基础之上。以这一决定为重要标志，中国开启了以适应社会主义现代化事业需求为目标、以体制改革为主题的教育改革，合作办学等教育对外开放事业成为推进教育改革的重要内容。1986 年，国家教委发布《关于加强合作项目学校建设的意见》，提出要规范教育合作项目的管理工作。中国同世界上主要国家、地区和国际组织的教育交流与合作由此全方位展开，合作办学也开始在探索中正式起步。

1993 年的《中国教育改革和发展纲要》强调要"进一步扩大教育对外开放，加强国际教育交流与合作，大胆吸收世界各国发展和管理教育的成功经验"，提出"国家欢迎港、澳、台同胞和外国友好人士捐资助学。在国家有关法律和法规的范围内进行国际合作办学"。这是改革开放以来中共中央、国务院颁发的重要文献中，首次明确将中外合作办学等形式的对外教育交流作为一个整体，全面规划其推进的措施。同年，国家教委下发《关于境外机构和个人来华合作办学的问题的通知》，提出"多种形式的对外教育交流和国际合作是我国改革开放政策的重要组成部分，有条件、有选择地引进和利用境外于我有益的管理经验、教育内容和资金，有利于我国教育事业的发展"。通知对中外合作办学一系列问题作出了原则规定，明确了中外合作办学发展的可行性，为中外合作办学从偶然、无序到系统化、正规化的发展奠定了基础。

这一时期，中外合作办学从项目合作中起步，重在加强合作项目学校建设。据不完全统计，从 1983 年中德合作的南京建筑职业技术教育中心和 1986 年中美合作的南京大学—霍普金斯大学中美文化交流中心分别开改革开放后中外合作职教和高教办学之先河,到 1994 年底,经批准设立的中外合作办学机构已达 70 个。合作办学对中国教育改革发展的积极作用逐步显现,成为中国教育对外交流与合作的纽带,丰富了中国的教育资源,为经济社会发展和现代化建设培养了人才,促进了相关学科和专业的发展;与民办教育一道,探索了新的办学体制,打破了计划经济时代政府包揽办学的一元化办学格局;成为一批有出国留学意愿的学子实现"不出国门留学"的有效途径,满足了社会对教育的需求。

(二)快速发展阶段

20 世纪 90 年代,国家新一轮对外开放和经济高速增长对人才的需求越来越强烈,推动形成了新一轮大力发展教育、培养和吸收高技术人才、扩大教育对外开放的新局面,中外合作办学迎来新的发展机遇。这一时期,中国教育的立法工作取得重要进展,教育法和其他专门法中有关教育国际交流合作的规定,使教育对外开放工作开始有法可依。从教育的"母法"到教育的专门法,中外合作办学的主体、内容、途径、管理权限及其重要性等都从不同层次得到了体现和确认,中外合作办学从此开始了制度化、法制化发展历程。

1995 年,全国人大通过的《中华人民共和国教育法》专设一章"教育对外交流与合作",对教育国际交流与合作作出了一系列具体规定,提出"境外的组织和个人在中国境内办学和合作办学的办法,由国务院规定"。同年,国家教委颁布《中外合作办学暂行规定》,就中外合作办学的意义、性质、必要性、应遵循的原则、审批标准及程序、办学主体及领导体制、证书发放及文凭学位授予、监督体制等各个方面进行了详细规定,规定充分肯定了中外合作办学的地位和意义,搭建起了中外合作办学政策的基本框架,为中外合作办学提供了可遵循的政策依据。

这一时期,随着改革开放的深入,中外合作办学在维护国家主权的前提下,积极开展同拥有优质教育资源的国家或教育机构合作,加强对中外合作办学实践的规范。中外合作办学重在学习和借鉴,关注的重点是高等教育和职业技术教育领域,价值选择呈现以我为主、主动走向世界的倾向。

伴随着以教育法为核心的较为完整的教育法律和政策体系的逐步确立,中外合作办学进入快速发展阶段。截至 2002 年底,中外合作办学覆盖整个教育体系,仅高教领域,全国共有中外合作办学机构和项目 712 个,涉及 28 个省、自治区和直辖市。中外合作办学的规模发展,反映了这一时期中国突破计划经济体制束缚,逐步走上以市场经济为主的发展道路,社会经济得到飞速发展,对吸引外资注入中国教育、缓解中国教育经费的紧张局面发挥了积极作用。中外合作办学积极吸引其他国家和地区优质资源,引进课程计划、教材、先进的教育理念和管理方式等,对改造中国传统的教学和管理模式、促进学校之间的积极竞争、提高办学质量和效益,也发挥了积极作用。

(三)调适发展阶段

为适应中国 2001 年底加入世界贸易组织后的形势,特别是在要求对不符合 WTO 议定书规则的国内各项政策法规进行修改的背景下,国务院 2003 年颁布实施《中华人民共和国中外合作办学条例》(以下简称《条例》),与此相配套,教育部 2004 年发布《中华人民共和国中外合作办学条例实施办法》。《条例》及其实施办法的出台,为中外合作办学的进一步发展提供了政策保障,基本解决了中外合作办学"无法可依"的问题,标志着中国中外合作办学政策法规的进一步完善,中外合作办学从此进入一个新的发展阶段。

这一时期,中外合作办学规模增长相对放缓,数量趋于平稳。截至 2009 年,全国经依法批准的中外合作办学机构和项目总数达 1100 多个。其中,《条例》颁布后至 2009 年,高等教育阶段中外合作办学机构增加 19

个,至 2009 年达到 52 个;中外合作办学项目增加 439 个,至 2009 年达到 800 个。总体来看,这一时期中国东部沿海经济比较发达的地区办学积极性较高,高等院校处于中外合作办学的核心地位,合作办学的学科专业中管理类、经济类居多。

处于这一阶段的中外合作办学最引人瞩目的工作是启动中外合作办学评估,以提高中外合作办学质量,规范办学秩序,建立中外合作办学质量评估机制。2009 年,教育部办公厅发布《关于开展中外合作办学评估工作的通知》,颁布施行《中外合作办学评估方案(试行)》,对依法批准设立和举办的实施本科及以上高等学历教育的中外合作办学机构和项目开展合格性评估。评估重在通过对中外合作办学整体思路、资产管理、教学质量、师资队伍建设、社会评价、办学单位内外部效益的评估,加强对中外合作办学的监管。这一工作有力加强了中国对中外合作办学的规范管理,促进了依法办学,提高了中外合作办学水平和可持续发展能力。

(四)内涵发展阶段

进入 21 世纪第二个 10 年特别是党的十八大以后,伴随着中国教育对外开放从"扩大"迈向"做好"的新时期,中外合作办学逐渐从规模扩大、外延发展转向内涵建设、质量提升。

2010 年颁布的《国家中长期教育改革和发展规划纲要(2010—2020 年)》,提出要引进优质教育资源,吸引境外知名学校、教育和科研机构及企业,合作设立教育教学、实训、研究机构和项目;鼓励各级各类学校开展多种形式的国际交流与合作,办好若干所示范性中外合作学校和一批中外合作办学项目;探索多种形式利用优质教育资源。教育规划纲要还把"教育国际交流合作工程"列为重大项目之一,支持一批示范性中外合作办学机构,支持在高校建设一批国际合作联合实验室、研究中心和引进一大批海外高层次人才等。为贯彻落实教育规划纲要,教育部陆续出台《关于加强涉外办学规范管理的通知》《关于进一步加强高等学校中外合作办学质量保障工作的意见》《关于进一步加强中外合作办学监管工作的通知》等规范性文件,推动中外合作办学的政策法规逐步得到完善和细化。

2016 年,中办、国办印发《关于做好新时期教育对外开放工作的若干意见》(以下简称《意见》),进一步对中外合作办学提出了新的更高的要求,是新时代做好中外合作办学工作的指导性文件。《意见》明确指出,要"完善体制机制,提升涉外办学水平。通过完善准入制度,改革审批制度,开展评估认证,强化退出机制,加强信息公开,建立成功经验共享机制,重点围绕国家急需的自然科学和工程科学类专业建设,引进国外优质资源,全面提升合作办学质量。通过鼓励高等学校和职业院校配合企业"走出去",鼓励社会力量参与境外办学,稳妥推进境外办学"。《意见》还提出要大力提升教育对外开放治理水平,加强对教育对外开放的组织领导;强调要"创新工作方式,加强和改进中外合作办学机构党建工作","要完善中外合作办学等政策制度"。其后,教育部在《推进共建"一带一路"教育行动》中提出实施"丝绸之路"合作办学推进计划,将其作为"开展人才培养培训"的支撑性框架的重要内容。这表明,作为中国教育改革发展事业重要组成部分的中外合作办学,其本身就是中国教育对外开放和推进共建"一带一路"教育行动的重要内容,同时在引领合作方向与领域方面,以及为其他领域的合作储备必要的人才资源、构筑人文交流、民心相通支柱等方面,都发挥了重要作用。

总体来看,这一时期的中外合作办学取得长足发展,社会认可度和国际影响力不断提升。截至 2018 年 9 月,全国经批准设立或举办的中外合作办学机构、项目总数为 2365 个,在校生约 60 万人,高等教育机构、项目数约占总数 90%,毕业生累计超过 160 万人。值得一提的是,一批高水平示范性中外合作大学和机构在人才培养、科学研究和社会服务方面取得了一系列进展;一些机构培养出数量可观的高素质国际化人才;引进了一批优秀的国外合作院校及其学科专业,为全面深化教育领域综合改革做出了有益探索,提供了重要经验;在高等教育改革的"探路者"、中外合作办学"领头羊"作用的发挥方面,也体现了独特优势。

三、中外合作办学发展主要成就

(一)中国成为全球一流大学和优质教育资源的重要办学合作方

回望改革开放 40 多年,中外合作办学起步于 20 世纪 80 年代,发展于90 年代,调适于 21 世纪第一个 10 年,现已发展成为中国教育国际化的重要内容,大大丰富了国内教育资源特别是高等教育资源的供给。过去 5 年批准的本科以上中外合作办学机构中,61% 的外方合作院校为 QS 世界大学排名前 200 的高校,中外合作办学水平稳步提高。中外合作办学在服务国家外交大局、教育综合改革、地方经济社会发展、人民群众多元化教育需求等方面作用凸显。可以说,改革开放 40 多年来中外合作办学发展规模实属不易,发展成果值得珍惜。

(二)合作办学质量保障体系不断完善,保障机制日益健全

自 2003 年《条例》及其实施办法颁布以来,中国教育行政部门审时度势,对中外合作办学实践进行科学研判,提出了一系列质量监管政策与措施,有力推进了中外合作办学的质量建设,取得了重要进展和显著成效,与国际标准相衔接、具有中国特色的中外合作办学质量保障体系正在逐步形成。这主要体现在:制定了相关政策法规,使监管有法可依,中央与地方有关中外合作办学的法规与政策,不仅使各级政府对中外合作办学的监管有法可依,而且极大规范了中外合作办学;落实了两级政府审批制度,严把入

口关;强化了责任制,建立了行政执法和处罚机制;建立了中外合作办学监管工作信息平台和中外合作办学颁发证书认证工作平台这两个平台,有效提供了信息服务与指导;开展了全国性复核,试点并推进质量评估与认证。

(三)合作办学满足了多样化多层次的教育需求

一方面,教育是民生之首,随着经济社会不断发展,越来越多的人想接受更优质和多元的教育,而中外合作办学机构和项目是接受国外优质教育的重要途径;另一方面,中外合作办学进入内涵发展、质量提升新阶段以来,相关政策重点支持在理工农医等自然科学领域的合作办学,国家急需的一些新兴专业、前沿专业、空白专业和配合重大战略需求的专业陆续得到批准,在大气科学、灾害护理学、生态学、船舶与海洋工程、大健康产业、文化遗产保护等领域的合作办学得到鼓励和支持。中外合作办学中,硕博学位教育项目长期偏少,但近几年增幅较大,现有博士学位项目大多是2011年后获批的,占博士层次项目数的83.3%,现有硕士层次项目中,2011年后批准的有62个,占硕士层次项目总数的39%。大力调整区域布局,对中西部中外合作办学给予政策倾斜,5年来支持中西部地区举办本科及以上中外合作办学项目近300个,约占新批总数的一半。甘肃、新疆等省、自治区实现了中外合作办学零的突破。

(四)合作办学服务国家战略,推进教育高水平对外开放,树立了中国教育良好的国际形象

教育是文明互鉴、文化交流的窗口和桥梁。近年来,中外合作办学在统筹国内国际两个大局中发挥了重要作用,在高级别中外人文交流机制中做出了重要贡献。在推进共建"一带一路"教育行动中,各地和院校积极组织"一带一路"建设与中外合作办学发展论坛,助力形成中外合作办学服务"一带一路"实施方案,鼓励高校与"一带一路"沿线国家高水平大学开展合

作办学。据不完全统计,我国有 14 个省市的 87 所高校与"一带一路"沿线国家高校开展了中外合作办学,由教育部和地方审批的机构、项目总数达 200 个。

(五)合作办学规模得到快速发展,积极助推"双一流"建设,助力做强中国教育

一方面,高等教育始终是中国中外合作办学关注的重点。从教育部中外合作办学监管工作信息平台公布的教育部复核和审批的机构、项目名单和地方审批报教育部备案的机构、项目名单相关数据可以发现,在 2300 多个高等教育中外合作办学机构和项目中,本科及以上学历层次的教育机构和项目超过 1100 个;另一方面,正如上海纽约大学所提出,创建中外合作大学的价值不在于增加几所大学,而是寻求高校体制机制的创新突破,形成高校改革的"特区"。该校积极探索创新提前选拔、高考选拔和自主选拔"三位一体"的考试招生模式,不仅为融合中外教育模式选择适合的生源,也为全国高校招生考试制度改革提供了许多有益借鉴。在现代大学制度方面,中外合作办学融合中外大学管理理念和管理优势,坚持设立党委,并实行理事会领导下的校长负责制,协调理顺行政权力与学术权力的关系,为大学内部治理结构的完善和大学去行政化提供了鲜活的经验。

四、中外合作办学未来发展展望

站在历史新起点,中外合作办学已上升为中国全面深化改革、扩大对外开放、做强中国教育的重大战略举措。无论是习近平总书记在海南作出的重要指示,还是在全国教育大会上有关合作办学的最新论述,都昭示着中外合作办学在中央新一轮教育对外开放国策中的战略意义。要做好新时代中外合作办学工作,必须以习近平新时代中国特色社会主义思想为指引,把加强党的全面领导作为根本保证,把内涵发展和质量建设作为生命线,把引进一流资源、坚持示范引领、加强宏观调控、做好顶层设计、强化分类指导作为抓手,把增强科研服务、制度创新、供给能力作为有力支撑和新增长点。①

(一)坚持引进一流资源与增强国际教育供给并重

一方面,新时代的中外合作办学要聚焦引进世界一流教育资源,突出优先领域,在高水平合作办学和对接"双一流"建设上下功夫,更好服务国家战略。要进一步发挥主观能动性,针对中国自身发展战略和重点领域,开展灵活多样的合作。重点引进紧缺专业和空白学科,培养"高精尖急缺"人才。加强国际协同创新,积极参与或牵头组织国际和区域性重大科学计划和科学工程。营造良好的国际化教学科研环境,增强对外籍优秀教师、科研人员和高水平留学生的吸引力。服务国家"走出去"战略,探索引进部分"一带一路"沿线国家一流高校来华合作办学。调整完善国家公派出国留学项目设置,助力国内高校与世界一流大学和学术机构深化实质性合作,将国外优质教育资源有效整合到教学科研全过程,开展高水平人才联合培养和科研联合攻关。

另一方面,增强国际教育供给能力是中外合作办学发展到一定阶段后的必然要求。未来,中外合作办学要在发展中达到新的动态平衡,在逐渐提高自身的科研服务能力、形成创新制度体系的基础上,形成人力资源优势和人才培养优势,进一步和国际高端科研机构及国际优势学科建立合作。要加强更高层次的国际教育供给能力建设,从世界各国吸纳优质生源,不断更新自身管理机制,进行教育国际输出;要面向世界办学,稳妥推进境外办学特别是在境外开展中外合作办学,恢复和回归中外合作办学的

---

① 熊建辉,陈慧荣.同世界一流资源开展高水平合作办学——改革开放40年中外合作办学之路[J].神州学人,2019(Z):8-13.

真正本意,在做强中国教育的过程中不断将中国打造成为世界有影响力的国际教育高地,助力中国建成世界教育中心和留学高地。

(二)坚持示范引领与分类指导并重

一方面,经过 40 多年的发展,中外合作办学机构和项目的数量及在校生规模等都有了显著发展,规模整体趋于平稳,内涵建设、质量提升已成为主要特征。中国中外合作办学机构、项目好的经验不少,但示范性有待提升。中外合作办学的初心是引进国外优质教育资源,通过"鲇鱼"效应发挥辐射作用,真正促进中国教育改革和发展。中外合作办学要更好提质增效、服务大局、增强能力,必须坚持示范引领,办好一批高水平示范性中外合作办学机构和项目。正如教育部部长陈宝生所指出的,要全面发挥中外合作办学辐射作用,深化对国内教育教学改革推动作用。

另一方面,世界一流优质教育资源具有多样性、层次性、实用性、互补性和过程性等特点。因此,要对中国高校引进的国外教育资源进行分类指导,引导各类高校根据自身发展定位和国际化战略规划,科学判断适合自身发展的国外优质教育资源,克服中外合作办学中优质教育资源配置不科学,甚至可能导致低水平重复建设和过度竞争的现象。"双一流"高校应多与国外一流大学合作,提升办学层次,积极开展研究生层次的合作办学,多开展国家急需、新兴、与重大战略需求相关的学科专业的合作办学,多尝试与国外高校在新兴学科、前沿学科、交叉学科等领域的合作。地方高校应注重结合地方经济社会和本校学科发展,寻求在学科专业发展方面有比较突出表现的外方高校进行合作,而不是简单划定一条线,要求所有类型的高校不考虑自身发展水平,都去寻求国外一流大学合作办学;要在各个层面对接国外一流教育资源,在高教、职教等各个领域都办出"一流"。

(三)坚持优化布局和满足需要并重

一方面,从中外合作办学机构、项目在全国的布局情况看,中西部地区急需加强。因此,要从顶层设计、政策制度上向中西部倾斜,机构、项目的审批也要进一步平衡区域布局。从现有部分中外合作办学专业看,当前中西部地区设置趋同、缺乏特色,难以满足西部地区经济社会发展的需要,难以实现可持续发展。因此,要加强对中外合作办学的区域布局、办学层次布局、学科专业布局、外方院校国别布局的论证,从总体上做好顶层设计,增强中外合作办学的特色,提高服务区域经济发展的能力。

另一方面,随着中国经济整体发展、人民生活水平不断提高,对教育的消费、投入力度不断加大,同时对教育国际化提出了更多更高的期待。教育多元化、优质化发展对中外合作办学的资源引入、过程监管和精准服务提出了要求,对政策设计、质量提升、规范管理提出了更高要求。在首届中国国际进口博览会开幕式上,习近平总书记宣布加快教育、文化等领域开放进程。当前,急需研究解决外国投资者在自贸区内举办外方主导的中外合作办学机构这一全新问题,急需研究解决学前教育、经营性教育培训机构的外资准入限制等问题,为探索新一轮合作办学、更好满足人民对美好生活的需要服务。

(四)坚持提质增效与底线思维并重

中外合作办学从无到有再到可持续发展,是一个阶段性的动态发展过程。不同中外合作办学机构和项目开办时间不同,其所处发展阶段也各不相同,所面临的问题和发展驱动力也有所不同。中外合作办学经过模仿、消化、吸收,经过队伍建设和专业建设之后,要更加注重和增强科研服务和制度创新能力。当前,要以修订《条例》为契机,健全合作办学事业发展数据统计和发布机制,促进合作办学提质增效。加强全过程指导和监管,建立健全奖优罚劣制度,真正形成激励和督促机制。要积极探索新的支撑点,增强科研服务和制度创新能力。要根据发展需求更好地发掘和创造科学知识,探索专业人才培养模式,为合作专业学科的建设贡献力量,打造优势学科和专业团队。当外方已经充分融入中国教育发展中时,培养优质学生也成为他们的利益诉求和品牌支撑。因此,研究中国现实问题,在中国获取各类资源以促进其自身发展,已成为外方新的利益驱动点。

针对部分不达标的中外合作办学机构、项目,必须坚持退出机制,确保有利于促进中外合作办学内涵发展、提质增效,有利于明确办学导向、依法办学,有利于保障学生和家长权益,提高社会满意度。

在中外合作办学过程中,重点加强对高校中外合作办学党建工作的检查、督察,确保工作落实到位;坚持以我为主、兼容并蓄,立足中国基本国情和教育改革发展实际,有序开展中外合作办学,做到既开"窗户"又设"纱窗",旗帜鲜明、坚定不移地捍卫国家政治安全和教育主权,警惕西方各种分化图谋,自觉把安全风险意识、底线思维贯穿于合作办学全过程,依法依规做好教育涉外办学监管工作。

第八章 谋划"十四五"时期中国教育改革发展的三个基点

把握开放发展这一建设教育强国的重要战略支撑,需要围绕立足新发展阶段、贯彻新发展理念、构建新发展格局,分析研判新时代教育国际化发展战略所处的世情、国情和教情。本部分基于"十四五"教育规划制定的形势分析,对新时代教育改革发展的内外部新环境进行分析。[①]

"十四五"时期,是我国由全面建成小康社会向基本实现社会主义现代化迈进的关键时期,是"两个一百年"奋斗目标的历史交汇期,是全面开启社会主义现代化强国建设新征程的重要机遇期。改革开放特别是进入新时代以来,我国经济实力、科技实力、国防实力进入世界前列,正处在转变发展方式、优化经济结构、转换增长动力的关键时期。2019年,我国GDP同比增长6.1%,经济总量接近100万亿元、人均GDP首次突破1万美元大关。全面建成小康社会取得决定性进展,贫困人口进一步减少,连续7年脱贫人数在1000万人以上,农村贫困人口降到551万人,向着消除绝对贫困又迈出一大步。多层次社会保障体系加快完善,民生保障网越织越

---

① 本部分内容参见:马陆亭,安雪慧,熊建辉,等."十四五"教育规划制定:依据点、参考点与关键点[J]. 现代教育管理,2020(11):1-7.

牢。[1] 同时,新一轮科技革命和产业变革成为引起世界大变局的重要因素。全球科技创新进入空前密集活跃期,新一轮科技革命和产业变革正在重构全球创新版图、重塑全球经济结构,科学技术不仅是推动社会生产力发展和劳动生产率提升的决定性因素,而且成为推动各项社会事业发展的重要力量。新发现、新材料、新技术更新换代的周期明显缩短,原创科技和关键技术创新能力、系统集成能力成为决定全球产业分工层级、决定全球经济格局、决定全球政治格局的基础条件,成为国际竞争的核心。

一、依据点:经济社会发展新特征

人口是影响社会经济发展的基础变量,劳动力是产业结构升级的关键要素,如何充分满足因人口规模结构和空间布局变化、经济产业结构调整而带来的教育需求,是未来教育改革发展需要关注的重要议题。"十四五"时期,经济结构变化、增长内生动力对优质劳动需求提升、城镇化发展和社会主要矛盾的变化,这些阶段性特征的变化,对教育事业发展带来深刻影响。教育资源的投入和配置应适应经济社会的发展变化和人口变动,提升教育服务社会经济发展的能力。也就是说,教育改革发展要将经济社会发展的阶段性特征作为重要的依据点,通过科学合理规划教育发展,促进社会经济的可持续发展。教育改革不仅是教育问题,还是经济问题、社会问题。[2]

经济产业步入从"做大"到"做强"的关键期。要实现产业从"做大"到"做强"的新跨越式的高质量发展,构建支撑高质量发展的现代产业体系,

---

① 去年底农村贫困人口减少到 551 万人今年贫困县减少到 52 个[EB/OL]. (2020-03-12)[2020-08-14]. http://www. scio. gov. cn/xwfbh/xwbfbh/wqfbh/42311/42706/zy42710/Document/1675160/1675160. htm.

② 郝天聪,石伟平. 产业结构转型与职业教育办学模式改革——基于对美国、德国、日本、中国的比较分析[J]. 现代教育管理,2020(8):122-128.

关键在于按照党的十九大提出的"必须把发展经济的着力点放在实体经济上"的要求,充分发挥市场在资源配置中的决定性作用,更好发挥政府作用,努力推动质量变革、效率变革、动力变革,提高全要素生产率,增强产业核心竞争力。从经济社会发展趋势看,我国经济增长速度放缓,经济产业结构升级,2019 年服务业增加值比上年增长 6.9%,高于第二产业 1.2 个百分点,占国内生产总值的比重达到 53.9%,是经济增长重要的稳定器。经济发展从以重化工业为主导的工业化中期阶段迈入以创新驱动为主导的工业化后期阶段。工业智能化发展势不可当,人工智能给传统制造产业链、价值链带来革命性影响。新业态、新模式、新场景将不断涌现,互联网经济、数字经济、共享经济等新模式与传统业态日趋融合,为经济增长提供新动力、新引擎。

经济发展越来越取决于人力资源的大规模优质化。"十四五"时期将是中国经济由中等收入阶段迈向高收入阶段的转换时期,服务业拉动经济增长的贡献率不断提高。劳动力、资本和全要素生产率是经济增长的三大要素。劳动力数量、劳动时间、就业参与率等因素决定了实际可就业劳动力总规模。根据有关预测,"十四五"期间劳动力持续下降,到 2025 年,15—64 岁劳动年龄人口约为 9.7 亿人,比"十三五"末期减少 3000 万人。[①] 同时,随着经济社会发展水平的提高,人们对闲暇的需求将稳步提升,劳动参与率总体呈下滑趋势,个人劳动时间趋于减少。这就需要高素质劳动力支撑整个经济发展,实现服务经济从数量追赶型向创新引领型增长模式的跨越,在新旧动能转换中,突出加快现代服务经济的新方位发展。

进入法治国家、法治政府、法治社会一体建设和确保国家安全的推进期。在国家经济之繁荣前所未有之时,对于法治国家、法治政府、法治社会一体建设的要求也达到了历史新高,治理现代化建设进入全面推进期。服

---

① 张车伟.中国人口与劳动问题报告(No.20)——面向更高质量的就业:"十四五"时期中国就业形势分析与展望[M].北京:社会科学文献出版社,2019:1-27.

务型政府建设将成为"十四五"时期的主要命题,国家安全体系和法治体系必须持续完善,从根本上保障稳定及发展,实现长治久安。"十四五"时期要进一步推进服务型政府建设,进一步提高行政效率,从根本上解决政府越位、缺位和错位的问题。同时,加快构建集政治、经济、金融、文化、社会、生态、军事、科技、信息、国土、资源、核安全等于一体的国家安全体系和法治体系,建设基于法治化的高水平的平安中国。

城镇化水平继续提升。"十四五"期间我国城镇化水平将进一步提高,大量农业转移人口落户城镇,人口将进一步向"三横两纵"轴线上的城市群和节点城市聚集。2019 年,我国常住人口城镇化率达到 60.6％。根据发达国家城镇化的发展历史,我国城镇化水平将进一步提高;同时,城镇化速度将逐步放缓。根据联合国预测,到 2035 年,我国城镇化水平将提高至73.9％,2050 年进一步提高至 80％。[1] 新型城镇化战略、区域协调发展战略推动了我国新型城市的建设和城市群格局的形成。截至 2018 年底,国家级、省级和市县区级特色小(城)镇及市场主体命名的特色小(城)镇创建数量达数千个。以城市群为主体的城镇化格局不断优化,京津冀、长三角和粤港澳大湾区三大城市群建设加快推进,"19＋2"(京津冀、长三角、珠三角、山东半岛、海峡西岸、哈长、辽中南、中原地区、长江中游、成渝地区、关中平原、北部湾、晋中、呼包鄂榆、黔中、滇中、兰州—西宁、宁夏沿黄和天山北坡 19 个城市群,还有以拉萨、喀什为中心的两个城市圈)的城市群格局基本形成并稳步发展。[2] 未来人口仍将向主要城市群聚集。

更加重视社会建设的短板。坚持以人民为中心的发展思想,更好满足人民美好生活需要,是解决新时代我国社会主要矛盾的客观要求。正视民

---

① World Urbanization Prospects:The 2018 Revision[EB/OL].(2018-05-16)[2020-03-30].https://population. un. org/wup/Publication/Files/WUP2018-Report. pdf.

② 城镇化水平不断提升城市发展阔步前进——新中国成立 70 周年经济社会发展成就系列报告之十七[EB/OL].(2019-08-15)[2020-07-16]. http://www. stats. gov. cn/tjsj/zxfb/201908/t20190815_1691416. html.

生资源供需矛盾尖锐、对经济发展和改善民生之间关系认识的误区、民生事业发展体制机制不完善等事实，着力解决精准扶贫、就业、教育、收入分配、健康服务、养老服务、住房保障、社会保障、食品药品安全、文化体育服务、人口发展、生态环境等基本民生领域存在的主要短板，是更好满足人民美好生活的前提。科学分析和把握人民美好生活需要，积极补短板、促民生，持续推进民生发展体制机制创新和实现适度普惠，积极探索实践切合本地实际的民生发展模式。

二、参考点：国际教育发展新趋势

"十四五"时期，世界仍处于大发展大变革大调整的"百年未有之大变局"，教育在应对百年变局中的战略地位更加凸显。[①] 未来教育改革发展应立足国情世情，对标新时代中国特色社会主义建设战略安排，参照联合国 2030 可持续发展议程，在国家现代化和建设人类命运共同体的全局中考虑我国教育定位。[②] "十四五"教育规划要以广阔的视野放眼国际，为提升教育国际竞争力助力。

全球教育和人文治理进入调整变革期。和平与发展虽然仍是人们期盼的主题，但国际环境更加复杂，恐怖主义、网络安全、重大传染性疾病、气候变化等威胁人类安全、健康和发展，贸易保护主义等逆全球化思潮泛滥，世界不稳定性、不确定性增加，从深度和广度上影响着全球的教育变革。传统安全与非传统安全相互交织，局部问题与全球问题彼此转化，各国利益紧密融合在一起，全球治理体系和国际秩序变革加速推进。教育肩负着"构筑人类和平"之使命，在摆脱东西方划分、超越南北方差异、迈过意识形

---

① 张蕴岭.人民要论：在大变局中把握发展趋势［N］.人民日报，2019-03-15(6).

② 新华社.绘就新时代加快推进教育现代化建设教育强国的宏伟蓝图——教育部负责人就《中国教育现代化 2035》和《加快推进教育现代化实施方案（2018—2022）》答记者问［EB/OL］.2019-02-23.［2020-08-14］.http://www.moe.gov.cn/jyb_xwfb/s271/201902/t20190223_370865.html.

态鸿沟、包容历史文化不同、促进民心相通和文明互鉴、共同应对层出不穷挑战、构筑人类命运共同体中的作用更加凸显。

坚持教育优先战略,扩大教育投入。2019年,联合国确立了首个国际教育日,聚焦"教育:包容和赋权的关键驱动力",庆祝教育为和平与发展所做出的贡献,将教育视为"确保显著改善卫生、刺激经济增长、激发建设更具复原力和可持续社会所需的潜力和创新"的最有力手段。[①]主要国家教育总投入占GDP比例不断上升,经济合作与发展组织29个国家中有19个国家提高了教育投入占GDP的比例。虽然受经济增长乏力影响,不少国家公共财政能力受到很大影响,但发达国家尽可能地保持公共财政投入教育占GDP的比例,总体来看,发达国家公共财政投入教育的比例相对稳定,基础教育阶段投入占总投入的大部分。

实施教育减贫战略,消除学习贫困。世界银行指出,要消除学习贫困,各国政府和社会必须做出必要的财政和政治承诺,提供必要的人力资源,以确保所有儿童享有有质量的教育。2019年,世界银行与联合国教科文组织合作,启动"学习贫困"项目,目标是到2030年将全球学习贫困率减少到50%以下,即将10岁还无法正常阅读的孩子的比例至少降低一半。为此,世界银行提出三大支柱:一揽子的提升阅读技能的国家干预政策;加强教育体系建设的新的教育方法;评估与研究,包括评估学习成果与动力和以行动为导向的研究与创新。

关注有质量的教育公平。在目标上注重从机会公平走向结果公平,如英国将学校功能延伸至社区,改造薄弱学校,最大限度减少家庭出身与背景对学生学业成绩的影响;对贫困家庭的学生和少数民族学生有针对性地支持,努力实现基于结果的教育公平与均衡。在内涵上强调有质量的公平,如澳大利亚近年对基础教育进行质量与公平并行的全面改革,在教育公平方面强调结果公平,并将其与教育质量联系在一起。以质量引领教育

---

① 张静.联合国大会宣布1月24日为"国际教育日"[N].中国教育报,2018-12-14(5).

改革，澳大利亚形成较为成熟的以"质量标准驱动"的高等教育改革框架。

推进可持续发展教育战略，实现从理念到落地。联合国教科文组织通过《教育2030：仁川宣言和行动框架》，为联合国2030年可持续发展中的第四个目标——"确保包容、公平、有质量的教育，为全民提供终身学习的机会"描绘了行动蓝图。联合国教科文组织在《重新思考教育：迈向全球共同利益》中提出"教育和知识是全球共同利益"[①]。如肯尼亚朝着"全球行动计划"优先行动领域进发，为可持续发展教育设立政策框架；再如苏格兰将可持续发展教育的理念和实践充分渗透到教育课程体系之中。

聚焦教育信息化战略，创新教育和学习方式。信息技术应用持续深入，形成以需求为导向的信息化环境。在手段上加大信息技术应用，多国政府及联合国教科文组织等通过应用信息技术来促进教育公平，努力消除数字鸿沟。在理念上从是否应用信息技术转变为如何更好应用信息技术，如美国教育信息化讨论的关注点已从技术是否应该应用于学习转变为如何使用技术促进学习。建设以需求为导向的教育信息化环境，如英国教育信息化环境较好，硬件建设、网络连接、软件配置等方面基本实现了"想用即有、有用必实"。

推进教育国际化战略，做强国际教育。教育国际化呈现由单向流动到双向流动的趋势，以美国为代表的发达国家敦促本国青年学生、教师、学者"走出去"，向世界学习。由政府主导向日益重视政府、民间团体和学校三方合作，美国更加侧重借助民间和市场的力量，以民间团体为纽带，实现政府、民间团体和学校三方协作，持续推进教育国际化。教育国际化向各个阶段延伸，虽然高等教育仍然是主要领域，但近年来教育国际化开始向各个教育阶段延伸。

强化教师专业化战略，提升教师质量。美国强化教师教育规划，制定

---

① 联合国教科文组织.反思教育：向"全球共同利益"的理念转变［M］.北京：教育科学出版社，2017：5.

21 世纪第一个综合、全面、专门的教师教育变革战略《我们的未来，我们的教师》。[①] 美国还逐步提高教师学历，要求中小学教师至少具有学士学位，并逐渐向硕士学位乃至博士学位的目标发展。法国强化教师的公务员身份，提高教师薪资，增加教师行业吸引力，提高师范生津贴与补助发放标准，吸引更多优秀青年学生加入教师队伍之中。德国近年来通过加强各州教师资格证书相互认可的方式，积极促进各州师资流动，以实现全国范围内师资队伍建设均衡发展。

夯实学习终身化战略，融通职业技术教育与高等教育、继续教育。近年来，世界出现生产生活方式和学习方式转变态势，即由工业化社会向智能化社会转变，由一次性学历教育向终身学习转变。若一国仅靠全面普及普通高等教育，却没有适应人力资源市场需求的职业技术教育和继续教育，则很难保证经济社会可持续发展。[②] 许多国家实行职业技术教育与培训或谋生教育（基于工作的教育），这在德国、英国、澳大利亚、韩国等部分发达国家成为实现经济繁荣、社会进步的主因，在不少发展中国家则被视为实现经济社会稳定发展的关键。

重视 STEM 等科创人才培养。美国学术竞争力委员会制定 K-12 阶段 STEM 国家教育目标，将"培养所有学生的 STEM 素养"视为中小学教育目标之一。[③] STEM 教育理念因美国"为了确保国家的竞争力和在科学、技术工程与教学领域的领先地位"而产生，是外部经济社会发展对教育提出的新要求。[④] 日本设立 STEM 精英教育专项基金，识别具有 STEM 天赋的学生并给予特殊培养，并加强 STEM 教师队伍建设，支持和鼓励女

① 王少勇，许世华. 未来十年美国教师教育的改革战略：美国教育部《我们的未来，我们的教师》解读[J]. 比较教育研究，2012(8)：62-66.
② 张力. 完善职业技术教育、高等教育、继续教育统筹协调发展机制[N]. 中国教育报，2020-01-16(3).
③ 范燕瑞. 美国 K-12 阶段的 STEM 课程[J]. 上海教育，2012(11)：20-21.
④ 伏梦瑶，徐国庆. 美国 K-12 技术教育与 STEM 教育的共生关系研究[J]. 现代教育管理，2019(9)：102-107.

性投身 STEM 教育及相关职业。

推动学历学位全球互认。2019 年底《全球高等教育学历学位互认公约》通过，这是联合国教科文组织通过的第一个全球范围的高等教育条约，确立了各国认证学历与学位的通用原则，并赋予签署国承认其他国家和地区学历学位证书的义务，将不仅促进全球范围内的学生流动、增加学生接受高等教育的机会，还有助于提高高等教育质量、加强高等教育领域的国际合作。[①]

构建创新创业教育体系。美国创业教育作为一种终身教育，贯穿于整个国民教育体系中，覆盖小学、初中、高中、大学本科直到研究生的正规教育。近年来，美国将创新作为重大国家战略，先后三次发布、更新"美国创新战略"，[②]加大对创新创业的投入与支持，促进高校创新创业教育发展，支持新创企业成长。

三、关键点：新时代教育发展新挑战新需求

面向未来，我国仍处于并将长期处于社会主义初级阶段的基本国情没有变，我国是世界最大发展中国家的国际地位没有变，教育发展面临着诸多重大挑战、面临着一系列新需求。新时代教育改革发展需要结合国情抓住关键点和主要矛盾，着力解决发展不平衡不充分问题，补齐短板，整体推动高质量发展。

突破"中等收入陷阱"面临关键节点。人均 GDP 将迈向世界银行划分的高收入经济体的门槛，面临跨过"中等收入陷阱"需化解的系列结构性问题。这一时期，对教育和人才的需求要求更高。投资结构将由传统物力资本、低成本劳动力偏向人力资本，消费结构将以劳动者总体收入水平提高

---

① 王燕. 2019 全球关键词[N]. 中国教育报，2020-01-17(3).
② 张慧颖. 美国发布新版国家创新战略[EB/OL]. (2017-08-10)[2020-08-14]. http://www. nipso. cn/onews. asp？id＝37355.

转化为消费进而推动消费与投资均衡,出口货物贸易将从价值链低端迈向中高端,出口服务贸易逆差扩大,包括教育在内的高端服务业、生产性服务业等人力资本密集型产业的国际竞争力需要提升。对于实现经济转型升级、迈向高质量发展,劳动力结构升级、创新驱动成为关键。

进入劳动年龄人口数量持续下降区间。"十四五"时期,我国出生人口、劳动年龄人口规模都将逐步下降,老年人口快速增长,人口总量增速放缓,人口负增长时代即将到来。"全面两孩"政策实施后,我国生育水平经过短暂回升后依旧低迷。由于一孩生育率下降,"全面两孩"政策提高二孩生育率的效果没有从根本上缓解"低生育陷阱"问题,未来我国出生人口将持续下降。[①] 总体看劳动力老龄化程度加重。2019 年,我国 16—59 岁劳动年龄人口为 8.96 亿人,比 2012 年峰值下降了 2600 万人;"十四五"期间,劳动年龄人口还将减少 3000 万人。年轻劳动力数量下降速度更快,占劳动年龄人口的比例持续下降:2019 年,16—44 岁年轻劳动力占 16—59 岁劳动年龄人口的比例为 62.8%,比 2012 年下降 7 个百分点;"十四五"期间还将有小幅下降,2025 年将降至 61.9%,2035 年将进一步下降至 59.7%。同时,劳动力短期短缺激励部分年轻人放弃人力资本积累。当前,由劳动力短缺而造成普通劳动者的工资水平提高,这有可能引发部分初中毕业生先工作而不再接受教育提高自身人力资本水平,特别是在贫困的农村地区。[②] 这种因眼前高工资而放弃学习的效应是一种市场行为,但与国家用人制度有关,非常不利于未来经济的高质量发展。

学龄人口变化对学校教育资源配置产生较大影响。在非义务教育阶段,"十四五"期间,高中阶段教育和高等教育适龄人口数量继续增长。15—17 岁高中阶段教育适龄人口数量呈波浪式上升,2021 年约有 4458 万人,2024 年将达到"十四五"时期最高峰 4627 万人,2025 年将略有下降,为

① 王广州,王军. 中国人口发展的新形势与新变化研究[J]. 社会发展研究,2019(1):1-20.
② 蔡昉,王美艳. 中国人力资本现状管窥——人口红利消失后如何开发增长新源泉[J]. 人民论坛·学术前沿,2012(4):56-65.

4478 万人;18—22 岁高等教育适龄人口数量呈上升趋势,2021 年适龄人口数为 6942 万人,2025 年将上升至 7303 万人,增幅为 5.2%。在学前教育和义务教育阶段,"十四五"期间学龄人口增幅不大,但由于人口进一步从农村向城镇流动,城镇学前教育和义务教育学龄人口数增幅显著。预计城镇 3—5 岁学前教育适龄人口数在 2022 年将达到最高峰,比 2019 年高 23%左右;6—14 岁义务教育学龄人口数在"十四五"期间持续增长,2025年比 2019 年高 23%左右。与城镇情况相反,农村义务教育学龄人口将持续减少,学前教育学龄人口数在"十四五"初期略有增长后开始下降。各级各类教育,特别是学前和义务教育学龄人口变化,对教育资源配置提出挑战。

国家重大战略对教育寄予更大期望。教育的根本点是要以教育现代化推动科教兴国战略,推动创新型国家建设,支撑中国特色社会主义现代化强国建设。一是面向国家各行业发展的"卡脖子"技术和关键技术,着力解决影响经济社会发展的重大关键问题。二是面向主体功能区建设的需要,紧密结合长江经济带建设、黄河流域生态保护和高质量发展、东北老工业基地振兴、京津冀协同发展、长江三角洲区域一体化发展、粤港澳大湾区建设、成渝地区双城经济圈建设等战略部署,加强教育与主体功能区的深度融合。三是加强教育的扶贫扶智扶志工作,短期内是加强教育的精准扶贫特别是以职业教育教之于技术技能,加强对农村和贫困地区的招生倾斜及对口支援帮扶工作,长期看是重视缩小发达地区和落后地区的教育差距,实现乡村振兴。四是更加关注城市高质量发展。城市发展是我国改革开放 40 多年成就的集中体现,随着进入中国特色社会主义新时代,城市发展也由高速增长阶段进入高质量发展阶段。

人民群众生活水平持续改善而对教育赋予更高期盼。党的十九大明确提出:我国主要矛盾在"十三五"时期已经转变,从"人民日益增长的物质文化需要同落后的社会生产之间的矛盾"转变为"人民日益增长的美好生活需要和不平衡不充分的发展之间的矛盾"。我国正在开启全新的智能时代,"智能大脑"决定制造流程,大量的无人工厂、无人车间、无人物流、无人售卖将成为常态,对就业将产生革命性影响。由此,人民群众对教育也将会有更高的期待,不仅要求公平而有质量的教育,也期望通过教育获得自身的发展、提升服务社会经济发展的能力,能够在社会上很好地就业。如何改进政府服务,成为各级政府的重要工作和改革着力点。需要清醒地认识到,在公共服务体系逐步完善的同时,我国的教育发展还存在民生短板,城乡之间的教育发展水平、学校之间的教育教学质量不平衡仍然存在。同时,人民满意的教育没有终止符,如何合情合理地满足预期也构成教育政策的关键。

未来前沿技术对国家安全的挑战显著增加。面对高速发展的人工智能、生物技术等崭新科技,社会制度建设相对滞后,带来一系列政治以及伦理问题,给国家安全和社会治理带来挑战。生物安全深刻影响着国家及国际社会的安全稳定,国家敏感生物资源存在泄露与流失的隐患,生物"黑客"让生物技术滥用风险加剧,新冠肺炎等重大传染病对人民健康、经济贸易造成巨大危害。智能攻防技术使网络安全形势愈加复杂,数据的泄露与恶意利用引发公众对社会与自身信息安全的担忧。核技术的泄露、核设施的安全隐患等将增加国际社会安全的不确定性。与西方发达国家的科技创新能力相比,我国自主创新不够、产业结构总体上仍处于全球价值链的中低端,一些关键核心技术没有掌握在自己手中,受制于人的问题突出,已威胁到国家发展战略目标的实现。

不同利益群体冲突加剧对社会治理形成新挑战。面对主要矛盾的变化、发展方式的转换,许多人鉴于自身的经济状况、岗位状况和拥有的人力资本状况会对转型升级产生巨大的不适应,加之美国等对我国的经济打压和政治、意识形态、舆论渗透,基层百姓间、行业间、群体间的利益冲突会显著增强。这种经济利益的冲突有可能外延,扩大为政治诉求,引发社会动荡。需要特别警惕"黑天鹅""灰犀牛"隐患及其事件,增强新形势下的危机管理能力。发展不平衡问题依然突出,城镇居民人均可支配收入和人均消费支出分别是农村居民的 2.64 倍和 2.11 倍,不同地区之间发展差距依然较大。

信息技术变革对教育赋能带来革命性影响。习近平主席在写给"国际人工智能与教育大会"的贺信中指出,人工智能是引领新一轮科技革命和产业变革的重要驱动力,正深刻改变着人们的生产、生活、学习方式,推动人类社会迎来人机协同、跨界融合、共创分享的智能时代。习近平主席强调,中国高度重视人工智能对教育的深刻影响,积极推动人工智能和教育深度融合,促进教育变革创新,充分发挥人工智能优势,加快发展伴随每个人一生的教育、平等面向每个人的教育、适合每个人的教育、更加开放灵活的教育。[①] 信息科技的发展成果将影响人们的教育观,丰富教育课程内容,促发教育手段的革命,促进教育管理的变革。目前,相关信息科技教育活动在学校全面展开,教育新业态新形态蓬勃发展,市场出现多种智能教学产品,基于区块链技术的教育活动认证趋于活跃。特别是此次新冠肺炎疫情暴发后,在线教育对教育活动的开展发挥了基础性支撑作用,充分彰显了信息技术对教育赋能的无限潜能。

总之,"十四五"时期,是我国由全面建成小康社会向基本实现社会主义现代化迈进的关键时期,科学编制"十四五"教育规划,需要遵从中华民族伟大复兴和世界百年未有之大变局来把握教育改革发展面临的形势。"十四五"是我国改革发展的关键期,教育改革发展既要依据国家经济社会的阶段性特征,助力"双循环",还要参考国际教育新战略,更要结合国情抓住主要矛盾,充分考虑劳动年龄人口缩减、学龄人口趋势及结构变化、信息技术变革和社会治理所带来的挑战,着力解决教育发展中的不平衡不充分

---

① 习近平.向国际人工智能与教育大会致贺信[EB/OL].(2019-05-16)[2020-08-14]. http://www.xinhuanet.com/politics/leaders/2019-05/16/c_1124502111.htm.

问题,坚定推动高质量发展,努力办好人民满意的教育。"十四五"教育改革发展,既要充分利用好经济发展总体向好的整体局势,又要充分考虑我国经济社会发展的阶段性特征和所面临的重大挑战,还要从全球科技发展和国际视野预判未来教育改革面临的形势,更要以满足广大人民群众的教育新需求为关键点,努力办好人民满意的教育。

第九章　中国教育对外开放站在新的历史起点

党的十九大报告明确指出,十八大以来的五年是党和国家发展进程中极不平凡的五年,取得了改革开放和社会主义现代化建设的历史性成就;经过长期努力,我国从改革开放之初开创的中国特色社会主义事业进入新时代,这是我国发展新的历史方位。与此相适应,党的十八大以来的教育对外开放工作,始终坚持服务国家开放发展战略,在服务党和国家工作大局中谋划新定位、展现新作为、开创新格局,形成了与大国地位基本匹配的全方位、多层次、宽领域的总体格局,在培养高层次人才、引进优质教育资源、推动中外人文交流等方面取得重要进展,开启了从学习跟跑迈向并跑领跑的新征程。[①]

一、教育对外开放思想引领能力显著增强

改革开放 40 多年来,中国始终坚持对外开放基本国策,打开国门搞建设,成功实现从封闭半封闭到全方位开放的伟大转折。特别是党的十八大以来,以习近平同志为核心的党中央总揽战略全局,实施共建"一带一路"倡议,加快构建开放型经济新体制,倡导发展开放型世界经济,促进全球治

---

① 熊建辉. 从跟跑到领跑:40 年中国教育对外开放之路[J]. 神州学人,2018(6):8-13.

理体系变革,推动构建人类命运共同体,为实现中华民族伟大复兴注入强大动力,为世界和平发展做出重大贡献。

在教育领域,党的十八大以来,以习近平同志为核心的党中央对内从教育是民生大计、对外从教育服务中国特色大国外交的战略高度,将教育视为人民对美好生活向往需求之首,强调教育是传承过去、造就现在、开创未来的重要途径,提出教育是建设人类美好社会、推动人类文明进步的强大力量和促进中外民心相通、助力构建人类命运共同体的重要力量;党的十九大又进一步从国之大计、党之大计的高度,再次强调教育是民族振兴、社会进步的重要基石;提出教育是功在当代、利在千秋的德政工程,对提高人民综合素质、促进人的全面发展、增强中华民族创新创造活力、实现中华民族伟大复兴具有决定性意义;指出建设教育强国是中华民族伟大复兴的基础工程,并对新时代的中国教育作出全新的总体战略部署。

在教育对外开放领域,习近平同志站在党和国家发展全局的高度,站在实现中华民族复兴和促进人类发展进步的高度,把教育对外开放摆在了前所未有的重要位置,在治国理政实践中提出了一系列新思想新观点,作出了一系列新决策新部署,形成了习近平总书记关于教育对外开放的重要论述。这一论述贯穿于新时代教育改革发展、经济开放发展、国家对外交往等各个方面,为做好新时代教育对外开放工作,更好地服务党和国家工作大局,坚持以国际化助力加快推进教育现代化、建设教育强国、办好人民满意的教育,服务做好中国特色大国外交、推进中外人文交流和文明互鉴、助力推动中国走向世界舞台中央、构建人类命运共同体指明了方向,提供了根本遵循。

习近平总书记关于教育对外开放的重要论述主要体现在党的十八大以来各种场合的讲话、报告、演讲、指示、批示、贺信、回信、署名文章等重要文献当中,更融会贯通于教育是民族大计也是民生大计、是国之大计也是党之大计、是今日大计也是明日大计、是人类社会和平发展进步大计也是文化传承创新和文明交流互鉴大计等的治国理政思想中,是习近平新时代中国特色社会主义思想的重要组成部分,是习近平总书记关于教育的重要论述和习近平外交思想的重要内容构成,标志着党对教育对外开放事业的规律性认识达到了新的高度,是马克思主义基本原理和中国教育对外开放实践相结合的理论结晶,是统领新时代中国教育对外开放事业发展的指导思想,是教育对外开放取得历史性成就的思想源泉,也是教育对外开放迈向新征程和做好面向 2035 中国教育国际化的行动指南,必须始终坚持并不断发展。

二、教育对外开放顶层设计能力显著增强

以习近平同志为核心的党中央对教育事业改革发展的总体要求,特别是对我国教育体制机制改革的突出特点主要体现在:第一,坚持和加强党对教育事业的全面领导,更加重视教育系统全面从严治党特别是学校基层党组织建设和思想政治工作,强调创新体制机制,提出教育体制机制改革的指导性意见。第二,推动决策层级上移,党的十八大后成立的中央全面深化改革领导小组和党的十九大后更名的中央全面深化改革委员会统筹考试招生制度改革、教师队伍建设、现代职业教育体系建设、一流大学和一流学科建设、一揽子修改教育法律等事项,党的十九大后成立中央教育工作领导小组,协调跨部门推进教育改革力度空前加大。第三,围绕使市场在资源配置中起决定性作用、更好发挥政府作用,紧扣法治政府和服务型政府建设,深化教育管理体制改革,放管服改革与管办评分离相结合,着力构建政府、学校、社会新型关系,促进教育治理水平和治理能力的现代化。

体现在有序推进教育对外开放领域,就是显著加强了教育对外开放的顶层设计,将教育对外开放工作纳入中国特色社会主义现代化百年蓝图的历史使命和发展坐标中来审视;纳入党中央国务院对教育事业的总体要求

中来部署；纳入中央全面深化改革议程中来谋划，推动我国教育对外开放事业从改革开放初期的"摸着石头过河"转向更加注重系统性、整体性、协同性的科学决策过程。

单就从全面深化改革这一战略布局来看，中央深改组（委）在习近平同志主持下先后审议通过了三份做好教育对外开放工作的顶层设计文件：一是 2015 年 12 月 9 日通过的《关于做好新时期教育对外开放工作的若干意见》①，这是新中国成立以来第一份全面指导我国教育对外开放事业发展的纲领性文件；二是 2017 年 7 月 19 日通过的《关于加强和改进中外人文交流工作的若干意见》②，这是党和国家首次就中外人文交流工作制定专门的文件；三是 2017 年 11 月 20 日通过的《关于推进孔子学院改革发展的指导意见》③，这是党的十九大后首个纳入中央全面深化改革领导小组审议通过的教育对外开放专门领域的顶层设计文件。

此外，党中央、国务院颁布的多份综合性改革和教育深化改革专门性文件当中，都不同程度涉及教育对外开放的内容和任务，在一系列深化教育改革发展的顶层设计和实施方案文件中，如《统筹推进世界一流大学和一流学科建设总体方案》等都将加强国际交流合作作为重要内容和任务，彰显教育国际化对教育现代化和国家现代化的支撑作用。

教育部等有关部门也围绕贯彻落实中央精神，纷纷出台教育对外开放领域的专门文件，如中组部、教育部在中外合作办学党建工作调研基础上出台的指导中外合作办学党建的专门文件《关于加强高校中外合作办学党

---

① 习近平主持中央全面深化改革领导小组第十九次会议 强调改革要向全面建成小康社会目标聚焦扭住关键精准发力严明责任狠抓落实 李克强刘云山张高丽出席[EB/OL]（2015-12-10）[2019-12-21]. http://cpc. people. com. cn/n/2015/1210/c64094-27908735. html.

② 习近平：敢于担当善谋实干锐意进取 深入扎实推动地方改革工作 李克强刘云山张高丽出席[EB/OL]（2017-07-20）[2019-12-21]. http://cpc. people. com. cn/n1/2017/0719/c64094-29415994. html.

③ 习近平：思想再解放 改革再深入 工作再抓实 推动全面深化改革在新起点上实现新突破 李克强张高丽汪洋王沪宁出席[EB/OL]（2018-01-24）[2019-12-21]. http://politics. people. com. cn/n1/2018/0123/c1024-29782294. html.

的建设工作意见》；教育部、外交部、公安部联合颁布的规范学校招收、培养和管理国际学生的专门文件《学校招收和培养国际学生管理办法》；教育部出台的推动中国教育逐步走向世界教育舞台中心的路线图的专门文件《推进共建"一带一路"教育行动》。

上述这些顶层设计和实施方案文件，无论是综合性文件还是专题性文件，都明确了总体要求，提出了目标使命，部署了重点工作，强化了保障措施，构成了新时代教育对外开放的"四梁八柱"，助推教育对外开放改革创新举措持续落地，推动中国教育对外开放的总体水平实现新的历史性跃升。以职业教育为例，职业教育国际化是国家层面教育对外开放顶层设计的重要内容。《关于做好新时期教育对外开放工作的若干意见》对包括职业教育在内的各级各类教育对外开放在战略上作出总体部署；《推进共建"一带一路"教育行动》对职业教育"走出去"提出明确要求，即发挥政府引领、行业主导作用，促进高等学校、职业院校与行业企业深化产教融合；鼓励中国优质职业教育配合高铁、电信运营等行业企业"走出去"，探索开展多种形式的境外合作办学，合作设立职业院校、培训中心，合作开发教学资源和项目，开展多层次职业教育和培训，培养当地急需的各类"一带一路"建设者。国家层面职业教育"走出去"的顶层设计，正日益推动以开放发展为理念，引领职业教育国际化水平提升和全面深化改革。

三、教育对外开放服务国家战略人才培养能力显著增强

教育对外开放服务国家战略能力的显著增强，主要体现在培养国家现代化建设急需人才方面。近年来，教育对外开放领域推动双向留学工作、聚焦高层次人才培养成效显著，呈现出国留学与学成回国人数、来华留学与攻读学位人数同步增长的发展态势，学生国际流动趋向更加均衡。

一方面，出国留学和学成回国人数大幅增加，我国持续稳居世界最大

国际学生生源国地位,在国内优质教育资源相对不足的情况下利用世界优质教育资源,为国家现代化建设培养了一大批高水平急需人才。2018年度,我国出国留学人员总数 66.21 万人,包括国家公派 3.02 万人、单位公派 3.56 万人、自费留学 59.63 万人;各类留学回国人员总数 51.94 万人,包括国家公派 2.53 万人、单位公派 2.65 万人、自费留学 46.76 万人①。

另一方面,随着教育质量和国际影响力的提升,近年来我国吸引了越来越多的世界优秀青年主动来华学习深造,来华留学和攻读学位人数大幅增加、发展迅猛,我国持续稳居亚洲最大国际学生生源国和世界主要留学目的地国地位。2018 年,共有来自 196 个国家和地区 492185 名各类外国留学人员在全国 31 个省市区的 1004 所高校学习,包括接受学历教育的外国留学生 258122 人,占来华生总数的 52.44%;硕士和博士研究生 85062 人,保持 12.28% 的年增长率;中国政府奖学金生 63041 人,占来华生总数的 12.81%,自费生 429144 人,占来华生总数的 87.19%。② 此外,据不完全统计,在外籍人员子女学校、外交人员子女学校、私立国际化特色学校和公办学校国际部、中等职业学校等就读的外籍中小学、幼儿园学生约 15 万人,我国全口径最新年度来华留学总人数有望突破 65 万人,与出国留学生总数日益持平。

党的十八大后国家从战略高度提出的教育对外开放要加强五类急需人才培养,其成效逐渐显现。在拔尖创新人才培养方面,国家留学基金委自 2015 年开始设立"未来科学家项目",着力培养一批顶尖创新人才、领军人才和大师级人才;在非通用语种人才培养方面,2017 年非通用语种人才共录取 977 人,涉及 62 个国家、36 个非通用语种;在国际组织人才培养方面,自 2014 年创设国际组织人才培养项目以来,与联合国教科文组织、国

---

① 教育部.2018 年度我国出国留学人员情况统计[EB/OL].[2019-03-27]. http://www. moe. gov. cn.

② 教育部.2018 年来华留学统计[EB/OL](2019-04-12)[2019-07-15]. http://www. moe. gov. cn/jyb_xwfb/gzdt_gzdt/s5987/201904/t20190412_377692. html? from=timeline&isappinstalled=0.

际民航组织、联合国难民署、国际电信联盟、联合国粮农组织、联合国开发计划署等国际组织合作派遣实习生,累计录取196人,分布在联合国、世界银行、联合国工业发展组织等34个国际组织;在国别和区域问题研究人才培养方面,推动建立国别和区域研究基地,重点推进"一带一路"沿线国家研究基地的全覆盖,并面向60个国家和地区研究方向,共派出1649人开展国别区域研究;在培养来华杰出人才方面,积极落实"来华留学高端硕士学位奖学金项目",培养精英人才。将时间坐标延长一点看,改革开放40多年来,我国各类出国留学人员累计达585.71万人,其中153.39万人正在国外进行相关阶段的学习和研究;432.32万人已完成学业,365.14万人在完成学业后选择回国发展,占已完成学业群体的4.46%[①];我国约70%的高水平高校校长、80%的两院院士都具有留学背景。由此可见,教育对外开放为实施科教兴国、人才强国战略做出了积极的贡献。新中国成立70多年来,来华留学规模累计约400万人次,遍布全球的来华毕业生已成为增进国家间友好交往、促进民心相通的桥梁使者,成为中国特色大国外交、构建全面对外开放新格局的宝贵财富。

四、教育对外开放服务推进共建"一带一路"能力显著增强

党的十八大以来,习近平总书记提出的共建"一带一路"倡议,受到国际社会广泛关注,得到了越来越多国家和国际组织的积极响应,影响力日益扩大。[②] 对教育来说,"一带一路"是我国教育国际交流合作的顶层设计、中国教育走向世界舞台中央的路线图,是在更高层次、更大范围、更广

---

① 教育部.2018年度我国出国留学人员情况统计[EB/OL].(2019-03-27)[2019-12-21]http://www.moe.gov.cn/jyb_xwfb/gzdt_gzdt/s5987/201903/t20190327_375704.html.

② 推进"一带一路"建设工作领导小组办公室.共建"一带一路"倡议:进展、贡献与展望[R].2019-04-23.

领域推进教育国际合作交流的重要抓手。在以"和平合作、开放包容、互学互鉴、互利共赢"为核心的丝路精神引领下,教育部 2016 年 7 月印发了《推进共建"一带一路"教育行动》,充分发挥教育在为"一带一路"建设提供人才智力支撑、促进民心相通的基础性、先导性作用,对内建立部省(区、市)教育行动协同机制,先后与 18 个省(区、市)签署了共建备忘录,推动相关省(区、市)积极对接"一带一路"倡议,发挥自身区位优势,着力提高区域教育国际化水平,全面推进共建"一带一路"教育行动;对外与"一带一路"沿线国家积极开展教育交流合作,在促进双向留学、合作办学、能力建设、学历互认、联合研究、创设平台、共建联盟等方面取得积极进展,为促进沿线国家经济社会发展和民心相通、文明互鉴做出了重要贡献。

以奖学金为例,我国设立了"丝绸之路"中国政府奖学金和"卓越奖学金",每年向沿线国家提供 1 万个奖学金新生名额。2017 年,沿线国家3.87 万人接受中国政府奖学金来华留学,占奖学金生总数的 66%;2018年,接受奖学金来华留学的人数达到 4700 人。仅中科院在沿线国家设立硕士、博士生奖学金和科技培训班,培训规模就已达 5000 人次。2017 年,共有 31.72 万名沿线国家学生来华留学,占来华留学总人数的 64.85%,同比增长 12%。此外,香港、澳门特别行政区也分别设立了共建"一带一路"相关奖学金。截至 2019 年底,我国与"一带一路"沿线国家签署了 45份教育双边多边合作协议,与 24 个沿线国家签署高等教育学历学位互认协议,与沿线国家合作的来华合作办学项目达 128 个;在沿线 54 个国家合作建立 154 所孔子学院和 149 个孔子课堂,其体量约占全球孔子学院和孔子课堂总数的四分之一;国内有 60 所高校在 23 个沿线国家开展境外办学,16 所高校与沿线国家高校建立了 17 个教育部国际合作联合实验室,增设了非通用语种等紧缺专业,加强了国别区域研究基地建设,实现"一带一路"沿线国家语种和国别区域研究智库建设的全覆盖;推动职业教育企业协同"走出去",从个别试点走向普遍实践,如"鲁班工坊"开到了泰国、印度、印度尼西亚、巴基斯坦等国家；举办金砖国家教育部长会议、亚信国家大学生艺术节等活动，支持建立沿线高校联盟、职教联盟，创建亚太经合组织高等教育研究中心、金砖国家大学联盟、"一带一路"校长论坛等国际合作品牌；加强地方、学校层面的交流与合作，积极构建"一带一路"教育共同体。可以说，以"一带一路"为龙头的中国教育全方位对外开放新格局正在形成，并呈现出强劲的发展势头，为推进共建"一带一路"提供了有力的智力支持和强大的民心相通基础。

五、教育对外开放服务做强中国教育能力显著增强

建设教育强国是实现中华民族伟大复兴的中国梦的基础工程，其核心目标就是实现教育现代化。教育现代化一般是指后发国家在工业化社会前后不断追赶先发国家的教育变革创新过程，也是教育适应本国经济社会可持续发展的过程。[①]

中国教育现代化主要锁定于国家现代化目标，要比国家现代化更加超前部署和实施，需要治理体系和治理能力现代化奠基，也需要教育信息化和教育国际化的支持，注意借鉴他国经验，在扎根中国大地办学中融通中外，办好中国特色、世界水平的现代教育，这对实现中华民族伟大复兴的中国梦具有重要战略意义。

党的十八大以来，作为做强中国教育、实现教育现代化重要支撑的教育对外开放工作，始终坚持以开放促改革促发展，提升国际化水平，助力中国教育整体发展水平步入世界中上行列，助推中国加速从人力资源大国迈向人力资源强国。

根据 2018 年全国教育事业统计[②]，我国各级教育普及水平不断提高，

---

① 张力. 展望新时代的中国教育现代化[Z]. 2017 年亚洲教育论坛，2017-10-28.
② 教育部发展规划司. 2018 年全国教育事业发展基本情况年度发布[EB/OL]（2019-02-26）[2019-12-21]. http://www.moe.gov.cn/jyb_xwfb/s5147/201902/t20190227_371408.html.

国民受教育机会进一步扩大,全国共有各级各类学校 51.89 万所;各级各类学历教育在校生 2.76 亿人;各级各类学校共有专任教师 1673 万人。中国教育发展整体步入世界中上水平行列,主要体现如下。

一方面,中国举办着世界最大规模的基础教育,学前教育继续较快发展,普惠性幼儿园快速增加,在园幼儿 4656.42 万人,毛入学率达到 81.7%,普惠性幼儿园占全国幼儿园的比重为 68.57%。九年义务教育学校 21.38 万所,义务教育巩固率 94.2%,普及水平保持高位,大班额、超大班额比例继续下降,其中小学学龄儿童净入学率 99.95%,初中阶段毛入学率 100.9%。高中阶段教育毛入学率 88.8%,普及攻坚稳步推进,基本办学条件进一步改善。特殊教育体系进一步完善,学校数和接受特殊教育的学生数继续增加。上海先后两次在 PISA 测试中夺魁,引起全世界瞩目,英国、美国、南非、以色列等国家纷纷组团来华取经,甚至设立专项,学习上海基础教育成功的“秘密”。

另一方面,截至 2018 年,我国高等教育毛入学率 48.1%,即将由高等教育大众化阶段进入普及化阶段;在学总规模 3833 万人,高等教育结构进一步优化,“双一流”和应用型高校建设稳步推进。我国高教规模继续呈现稳步发展态势,占世界高等教育总规模的比例约五分之一,持续稳居世界高等教育第一大国位置。国际交流与合作成为高校第五大职能使命,高素质人才优化了劳动力结构,提升了我国人力资源开发水平,特别是成功加入《华盛顿协议》,标志着我国工程教育质量得到发达国家承认。高校进入世界排名前列数量显著增加,近 100 个学科进入世界前千分之一。高校充分发挥了在国家创新体系中的作用,取得的重大科研成果获国家三大奖的比例稳定在三分之二以上,产出社科重大成果比例占全国 80% 以上,专利申请数年均增长 20% 左右。高校智库也在为国家重大政策制定提供重要决策参考,在服务“四点一线一面”等国家重大区域发展战略中作用越来越凸显。

此外，职业教育和继续教育体系更加健全，建成世界上规模最大的职业教育体系，具有中国特色的职业教育国家教学标准体系框架基本形成，全国1万多所职业院校开设了约10万个专业点，基本覆盖了国民经济的各个领域，年招生规模近千万人，在校生达到约3000万人，每年培训上亿人次，大规模培养了高素质劳动者和技术技能人才。民办教育较快发展，规模与占比稳中有进，全国共有各级各类民办学校18.35万所，占全国比重35.35%；各类在校学生5378.21万人，占全国比重19.51%。

六、教育对外开放服务中国特色大国外交能力显著增强

教育作为人类文明传承的根本途径，肩负着文化传承创新的职能，要求对内积极推动构筑中华民族共同体意识，为建设各民族共有的精神家园做贡献；对外推动构筑人类命运共同体意识，为建设持久和平、普遍安全、共同繁荣、开放包容、清洁美丽的世界做贡献。而贯通教育"两个共同体意识"使命的就是致力于"国之交在于民相亲、民相亲在于心相通"的人文交流，教育交流在其中则发挥着引领作用。

以习近平同志为核心的党中央高度重视中外人文交流工作，通过完善人文交流机制、创新人文交流方式，在更大范围、更高层次上推进了人类各种文明交流互鉴，为推动构建人类命运共同体贡献了更多中国智慧、中国理念和中国倡议。自2000年起特别是党的十八大以来，我国先后与俄罗斯、美国、英国、欧盟、法国、印度尼西亚、德国、南非、印度、日本等主要国家和组织建立了高级别人文交流机制，完成了中外人文交流的战略布局。这些机制基本覆盖主要发达国家、地区和重要发展中大国，夯实了我国与有关国家、地区及国际组织关系的社会和民意基础。伴随着中外人文交流事业蓬勃发展，人文交流促进民心相通、服务整体外交能力显著增强，与政治互信、经贸合作一道，上升为我国对外交往工作的三大支柱，成为中国与世

界各国关系稳定发展的三大支柱,谱写了新的宏伟篇章,为我国对外开放事业的推进做出了重要贡献,有力推动了全球范围内的人文交流与文明互鉴,成功稳定了我国与大国关系的基本盘。

在"一带一路"人文交流实践中,推动沿线国家在教育、科技、文化、卫生、体育、媒体、旅游等领域开展广泛合作,促进政党、青年、社会组织、智库、妇女、地方交流协同并进,初步形成了和而不同、多元一体的文明共荣发展态势。我国与沿线国家还建立了"二轨"对话机制,通过政党、议会、智库、地方、民间、工商界、媒体、高校等"二轨"交往渠道,围绕共建"一带一路"开展形式多样的沟通、对话、交流、合作。[①] 与沿线有关国家先后组建了"一带一路"智库合作联盟、丝路国际智库网络、高校智库联盟等;英国、日本、韩国、新加坡、哈萨克斯坦等国都建立了"一带一路"研究机构,举办了形式多样的论坛和研讨会;中外高校合作设立了"一带一路"研究中心、合作发展学院、联合培训中心等,为共建"一带一路"培养国际化人才。可以说,共建"一带一路"深厚的文明底蕴、包容的文化理念,为沿线国家相向而行、互学互鉴提供了平台,促进了不同国家、不同文化、不同历史背景人群的深入交流,使人类超越民族、文化、制度、宗教,在新的高度上感应、融合、相通,共同推进构建人类命运共同体。

七、教育对外开放服务人民美好生活向往能力显著增强

教育对外开放满足民生需求、服务人民对美好生活向往的能力,体现在方方面面。以涉外办学领域为例,党的十八大以来,被称为"不出国门的留学"的来华合作办学(中外合作办学),引进了大量境外优质教育资源,高水平示范性中外合作办学机构和项目不断涌现,在服务教育综合改革、满

---

① 推进"一带一路"建设工作领导小组办公室. 共建"一带一路"倡议:进展、贡献与展望[R].
2019-04-23.

足人民群众多样化需求、丰富选择性优质教育资源等方面的作用逐渐彰显,不断为教育改革发展注入强大活力。合作办学"鲶鱼"效应、辐射作用日益凸显,服务支撑国家战略能力日益凸显,已成为我国教育事业的重要组成部分,特别是高等教育的重要增长极。

截至 2019 年底,中外合作办学机构和项目 2426 个,涉及 11 个学科门类 200 多个专业。其中,本科及本科以上中外合作办学机构 100 个,宁波诺丁汉大学、西交利物浦大学、上海纽约大学、深圳北理莫斯科大学、昆山杜克大学等具有法人资格的中外合作大学 10 所,非法人资质的中外合作办学机构 90 所。

从办学规模看,各级各类中外合作办学在校生总数约 60 万人;从合作对象上看,涉及 36 个国家和地区 1008 所外方高校、817 所中方高校,外方高校中包括美国杜克大学、纽约大学等近 10 所全球前 50 名的高校,中方高校包括近百所"985"、"211"高校。

近年来,招收优秀国际学生成为中外合作办学新亮点。从总体看,2018 年,10 所中外合作大学文理科招生录取分数线平均超过重考一本线 40 分和 70 分,在校国际学生总数 1940 人,生源遍布全球 70 多个国家和地区,且 80% 以上攻读学位。以上海纽约大学为例,不少国际学生为了就读该校而拒绝了剑桥大学、哈佛大学、麻省理工学院等世界名校的入学邀请,初步彰显了这所办学不到十年的高水平国际化大学的强大实力。与国外合作大学使用相同招生标准进行国际招生的中外合作办学异军突起,从一个侧面印证了我国高水平示范性合作办学在短期内所赢得的强有力的全球竞争力和未来发展的良好潜力;同时也在国内做强存量教育的同时走出了一条满足民生需求的高水平教育增量发展之路。

八、教育对外开放服务全球教育治理能力显著增强

党的十八大以来,我国积极参与全球教育和人文治理,逐渐形成了具

有中国特色、蕴含中国智慧的新理念新主张新方案。通过承担思想实验室、标准制定者、能力建设者、信息传播者和国际合作促进者职能的联合国教科文组织这一平台,积极宣介习近平总书记关于人类命运共同体、文明交流互鉴的重要论述,为推动全球教育和人文治理变革提供思想引领;创设女童和妇女教育奖,彭丽媛教授应邀担任联合国教科文组织促进女童和妇女教育特使,在国际社会特别是广大发展中国家产生广泛影响;设立援非信托基金,开展中国、联合国教科文组织、非洲三方合作,有力配合对非合作战略;继支持《教育展望》中文版复刊之后,又支持《信使》杂志复刊,使之成为我国在多边人文领域"发声"的重要抓手;主办国际职业教育大会、世界语言大会、国际教育信息化大会、国际学习型城市大会等一系列重要国际会议,利用主场优势,让国际社会感受中国教育取得的发展成就,同时在交流研讨、成果文件等环节主动介绍中国的经验做法,提出中方的理念主张,有效提升我国教育和人文领域的国际影响力。

多边教育交流合作方兴未艾,同 47 个与教育相关的重要国际组织建立了经常性交流合作关系。积极服务国际社会教育规划的开发和制定,在教育 2030、亚太经合组织教育战略、全球高等教育学历互认公约、职业技术教育战略等有关国际文件起草研制过程中发挥建设性作用。服务重点领域改革,仅 2017 年度就实施国际合作项目 18 个,争取国际援助资金 700 万美元,利用跨国公司资金 4.7 亿美元,开展重点领域的研究和试点。

九、教育对外开放服务战略决策咨询能力显著增强

从主要国家现代化的历程来看,智库作用不可或缺。今天,建设高水平、国际化的专业型智库已成为全球趋势和国际共识,一种基于全球智库网络的全球治理新格局正在形成当中。近年来,亚洲、拉美、中东、北非等地区紧随欧美强国步伐,智库数量增长迅速,影响力与日俱增,仅亚洲就有

约 1600 家智库,占全球总数的五分之一。

党的十八大以来,我国高度重视中国特色、高水平新型智库的建设。习近平总书记指出,治国理政必须善于集中各方面智慧,凝聚最广泛力量。随着一系列推动新型智库发展政策举措的出台,我国智库步入转型升级、加速发展和内涵提升的新时代,服务宏观决策、支撑大国建设和外交能力显著增强。

在教育对外开放领域,我国在国家层面继 20 世纪 60 年代、改革开放初期布局了一批以西欧、北美为重点的国别区域、比较教育研究机构之后,自 2012 年始又启动了新一轮规模巨大的国别区域研究基地建设,包括2012 年开始孵化的 42 家国别区域研究基地及四家国际教育基地、2017 年备案的 395 家国别区域研究基地和 25 家中外人文交流、教育开放发展研究中心,积极加强与建交国家和地区政治、经济、教育、文化、法律等领域的专业研究和动向追踪,加强主要国际组织和全球治理方面的追踪研究,为国家教育对外开放和中国特色大国外交提供智力支持。截至目前,我国已基本实现国别区域研究基地在全球国家、地区和主要国际组织的全覆盖,实现"一带一路"沿线国家的全覆盖。

与此同时,地方、高校、科研院所纷纷整合资源,成立国别、区域和国际组织专业研究机构和国际教育研究智库,诸多行业学会、协会和社会、民间组织也大力加强国别区域领域分支机构建设,为推进全面对外开放和中外人文交流发挥越来越重要作用。其中,高校作为中国特色智库建设的主力军,充分发挥自身优势,主动探索新型国别和区域研究智库建设新路径。以东盟研究机构为例,我国高校与东盟十国高校合作的研究机构超过百家,涉及双方高校 200 多所,科研人员过千人;仅贵州大学东盟研究中心就与东盟国家 10 余所高校建立了合作交流关系。一些高校还整合传统上比较分散的机构资源,纷纷成立国别与区域研究院、全球治理研究院等,设立国别区域、全球治理等领域的专业或研究方向,招收中外硕博研究生、博士后和访问学者。这些有益的尝试，为推进国别和区域研究积累了宝贵经验，助力中国特色新型智库服务国家战略决策与咨询能力、开展智库外交能力显著增强。

总之，经过新中国成立70多年、改革开放40多年特别是党的十八大以来的不懈努力，我国已形成全方位、多层次、宽领域的教育对外开放总体格局。教育对外开放在学习借鉴国外先进知识、技术和经验，培养高水平国际化优秀人才，引进国外优质教育资源，推动国内教育事业改革发展，服务社会主义现代化建设，支撑改革开放基本国策和国家整体外交事业发展，促进中外人文交流、民心相通和文明交流互鉴等方面取得重大成就，大大提升了中国教育国际影响力和国家软实力，为加快实现教育现代化、建设教育强国、办好人民满意的教育，助力建设社会主义现代化强国、实现中华民族伟大复兴、促进人类和平发展和进步事业奠定了扎实的基础。

可以说，教育对外开放领域所取得的全方位开创性的历史性新成就，在布局调整、使命强化、格局优化、深度突破、外延拓展等长期性、趋势性、宏观性方面发生的历史性新变化，成功推动了我国教育对外开放事业进入新时代。

第十章　成长的烦恼：中国教育对外开放面临新形势

当前，如何贯彻落实好中央精神，面向未来做好新时代教育对外开放发展这篇大文章，急需从战略上加以谋划，明确教育对外开放的发展战略与创新路径，以更好开启新时代教育国际化新征程。教育对外开放取得历史性新变化新成就，成功推动了国家教育对外开放事业进入新时代；同时，进入新时代的教育对外开放也面临着前所未有的新机遇新挑战。做好新时代教育对外开放，推进教育国际化战略，必须清醒认识到教育开放发展所面临的内外部环境正在发生深刻复杂的变化，要进一步坚定信心、保持战略定力；要下大气力苦练内功，努力实现教育对外开放治理水平和治理能力现代化；要坚持敞开国门办教育，确保教育国际化始终与教育现代化同行，更好地服务支撑教育现代化和国家现代化。①

一、新时代教育对外开放面临的外部形势

在全面建成小康社会的攻坚阶段，我国面临的各种风险和矛盾交织叠加，教育对外开放面临的外部形势正在发生深刻复杂的变化，这主要体现

---

① 熊建辉.我国教育国际化最新进展与宏观形势——新时代职业教育国际化发展战略与创新路径思考（上）[J].中国职业技术教育,2019(15):12-15.

在世情、国情、教情和开放形势等方面对教育对外开放带来的影响和机遇。

（一）从世情看，当今世界正处于大发展大变革大调整的"百年未有之大变局"时期

当前，世界形势最大的特点就是不确定性，主要体现在如下"五化"。一是逆全球化，即首先由美国引发的欧美发达国家保护主义兴起和逆全球化思潮的出现；二是分裂化，即与贫富分化有关的民众不满情绪日益增加，导致民粹主义和强人政治的出现；三是右倾化，即与欧洲难民潮和美国非法移民问题有关的右倾化问题日益加深；四是极端化，即与宗教有关的政治、思想等方面的极端化导致极端势力在全球范围的出现，恐怖主义事件频发；五是碎片化，即与网络有关的利益与思想的"碎片化"，由此导致"选择性真相"，世界进入"后真相时代"。

这种不确定性的根源在于：冷战后美欧内部问题突出，其主导冷战后世界秩序的能力逐渐下降，导致世界资本主义体系危机、自由主义国际秩序失灵和全球治理赤字、发展赤字、和平赤字；新兴大国群体性崛起，尤其是中国的发展，导致此前的力量平衡受到冲击，全球治理由 G7 走向 G20；网络的扩展导致现实和虚拟的二元社会的出现，进而导致全球治理的新难题；全球化导致地方化和身份认同主义，进而导致地方主义、民族主义等陆续出现；新技术传播导致南北力量趋于均衡，信息鸿沟逐步缩小；第四次工业革命若隐若现，导致不确定性增加。

上述全球不确定因素的持续演变，引发国际形势风云激变，大国关系面临深刻调整；国际秩序面临重大挑战，全球治理体系变革加速推进；全球科技革命方兴未艾，新业态新技术层出不穷，在人工智能、大数据、量子通信等领域国际竞争愈演愈烈；文明冲突、意识形态之争长期存在，价值观之争呈现异位之势。在这个百年未有之大变局中，最大的变量就是中美两个大国综合国力和世界影响力的消长，未来世界将有可能呈现中美两超和多

强格局；与此同时，全球范围内的科技、经济、军事竞争日趋激烈，世界进入信息时代，走向智能时代，以知识资源为基础、以创新能力为决定力量的国家竞争格局正在形成。

以上情况，将不可避免地对我国加快和扩大教育对外开放带来挑战，特别是贸易战背景下中美关系消极面一度持续上升，势必波及两国教育合作和人文交流，如近期美国有关部门和个别反华人士频繁对我国的孔子学院、留学生和科技人员做出的不友好举动、发出的一系列炒作性杂音。

(二)从国情看,我国正处于近代以来发展最好、最大有可为的关键期

尽管世界形势最大的特点是不确定性，而我国则是不确定性世界中相对确定的部分，并且这种确定性在呈现上升态势。[①] 这主要体现在：中国特色社会主义政治制度和道路为中国的确定性提供了强大的政治前提；尽管当前经济发展的问题挑战较多，但是中期态势向好，这为中国的确定性奠定了有力的经济基础；我国科技和军事力量迅猛发展，成为国家力量和综合竞争的关键要素；在国际影响方面，中美关系尽管出现波动，但我国对俄、对欧关系相对稳定，与周边关系良好，与发展中国家关系友好，在国际组织中的地位呈上升态势。

这主要得益于党的十八大以后中国外交在理论与实践领域的创新，包括奋发有为的新指导思想；中国特色大国外交的新定位；积极进取的新风格；在全球层面提出的人类命运共同体、新型国际关系、开放型世界经济、全球伙伴关系网络等新理念，在具体问题层面提出的新型大国关系、亲诚惠容、正确的义利观、亚洲新安全观等的新理念；"一带一路"倡议；"双轨制"新方式；推动"一带一路"、海外利益、软力量和全球治理等方面的新实践；以及维护联合国多边治理架构，坚持发展、伙伴、不干涉等的新全球治

---

① 金灿荣. 当前国际形势、中国外交与中美关系——在北航科协大讲堂上的演讲[Z]. 2019-04-10.

理哲学等。对此,我们也可以从强国兴衰规律看我国面临的外部挑战,做到"风物长宜放眼量"。① 因为一个国家在由大而强的过程中,在经历 30 年左右跨越式发展之后,一般会经历一个关键性阶段。这个将强未强的特殊历史阶段大概有 10 年左右。在此期间,国家面临的风险和挑战较之前明显增大,能否把握方向、抓住机遇、化解风险、应对挑战,事关国家兴衰成败。

(三)从开放形势看,中国的确定性呈现上升态势和外交的积极进取,导致外界对中国关注度大大加强,外界对我们的认知和态度也呈现积极和消极两极分化

面对这种情况,我们要始终坚持改革开放 40 多年实践形成的宝贵经验,即开放是国家繁荣发展的必由之路,以开放促改革促发展促创新是我国现代化建设不断取得新成就的重要法宝。习近平总书记在党的十九大报告中提出"推动形成全面对外开放新格局",强调"开放带来进步,封闭必然落后","中国开放的大门不会关闭,只会越来越大","中国坚持对外开放的基本国策,坚持打开国门搞建设"。② 推动形成全面对外开放新格局是以习近平同志为核心的党中央作出的重大战略部署,必将为实现两个一百年奋斗目标、实现民族复兴、促进人类进步提供有力支撑,也必将为加快扩大教育对外开放、助力做强中国教育、推动构建人类命运共同体注入强大动力。

(四)从教情看,我国教育进入新时代,《中国教育现代化 2035》提出的实现教育现代化、建设教育强国、办好人民满意的教育的战略目标,要求教育对外开放发挥更有力的重要支撑作用

这主要体现在:中国特色社会主义进入新时代,全面建成社会主义现

---

① 孙劲松,刘悦斌,王兆勤,等.风物长宜放眼量——从强国兴衰规律看我国面临的外部挑战[N].人民日报,2018-09-11(2).
② 本书编写组.党的十九大报告辅导读本[M].北京:人民出版社,2017:55.

代化强国目标、"五位一体"总体布局和"四个全面"战略布局对教育支撑能力的要求更高；我国社会主要矛盾发生重大变化，人民对更高质量的教育需求更加迫切；随着我国日益走近世界舞台中央，推进中国特色大国外交、构建人类命运共同体，对提升中国教育国际竞争力、积极有效参与全球教育治理的要求更加迫切；中国教育发展总体水平进入世界中上行列，由教育大国迈向教育强国，在融通中外中办好中国特色、世界水平教育的要求更加迫切。

二、新时代教育对外开放面临的内部形势

处在国际竞争前沿的教育对外开放，自身发展也面临着"成长中的烦恼"和"发展中的问题"。这主要体现在战略认识、开放质量、治理水平、影响能力、政策研究等方面。

(一)对教育对外开放的战略认识有待提升

尽管自 2010 年教育规划纲要首次在党中央、国务院层面的顶层设计文件中提出"提升我国教育国际化水平"至今，教育国际化的战略重要性日益深入人心，习近平总书记关于国际交流与合作是大学第五大职能使命的论述也得到广为传播和贯彻落实，很多地方和院校也纷纷将教育国际化上升为教育事业改革发展的重大战略，不过从总体上来看，教育战线特别是一些地方和院校对教育国际化在服务中国教育现代化和国家现代化中的战略地位认识还不太够。有的在教育对外开放方面重指标、缺战略，对如何通过教育国际化发展战略来促改革促发展促创新、真正提升教育国际化水平和教育教学质量想得不深、虑得不透、谋得不够；有的重形式、轻内容，教育改革发展和对外开放领域长期存在的"两张皮""两股道"现象还在很大程度上存在，传统的"外事服务于内事"的思维定式和惯习还不太适应新

时代教育对外开放既要服务民族复兴，又要服务人类进步的使命，内事与外事还有待深度融合，真正将教育国际化纳入学校教育教学、人才培养、科学研究、社会服务、文化传承与创新、国际交流与合作的全过程，纳入学生发展、教师能力建设、整体办学水平提升的全过程；也有的地方和学校有动机、缺引领，为冲击"指标"、寻求"亮点"、创出"政绩"，盲目搞教育国际化，不顾自身水平和能力，如牺牲质量招收国际学生，不计成本搞合作办学，陷入为国际化而国际化的怪圈；还有的有生意、缺教育，把教育国际化事业当商业，与商业机构合作单纯追求利润，搞"创收"，用较强的功利主义色彩办教育，不关注立德树人根本任务的贯彻落实。

（二）教育对外开放的质量水平有待提升

与欧美发达国家近些年来教育国际化普遍进入"全面教育国际化""主流教育国际化"等高水平高质量发展阶段的最新趋势相比，我国教育国际化发展水平还存在不少差距。个别地方和学校还在某种程度上处于重规模、轻质量，重迎来送往、轻内涵建设的发展阶段，迫切需要迈向更高质量更可持续的转型发展、内涵提升阶段。譬如，有的合作办学项目和机构，因为经贸类、管理类合作办学项目来钱快、好赚钱，一度遍地开花、趋于饱和，而国家和地方急需的优质教育资源引进还无法满足实际的需要。与中央提出的全面从严治党要求还有差距，党建工作有待进一步加强。又比如，教育对外开放领域特别是合作办学、来华留学等领域时有杂音，但我们及时主动客观回应舆情能力、与时俱进改进留学教育管理工作薄弱环节的能力还不够，有待进一步提升。

（三）教育对外开放的治理水平有待提升

在对内开放治理方面，有的地方和学校教育国际化仍处在起步和摸索阶段，个别甚至还处于"福利"阶段，还没有形成一套成熟有效的涉外管理体制机制，也没有建立一支高水平专业化的管理队伍，作为教育国际化主体的广大师生和管理人员的涉外能力建设亟待加强，教育开放治理水平和治理能力亟待提升。中国教育正日益走近世界教育舞台的中央，但教育对外开放政策法规体系的构建，教育系统的战略认识、理念意识、水平能力等离新时代新方位还有不小差距。譬如，有的把对内的习惯做法简单搬到教育对外工作中，引起国际学生、外方人员的困扰、误解甚至反感。有的淡化甚至逃避依法做好教育涉外管理、依法开展教育对外交流的责任，碰到教育国际化领域的事情总想大事化小、小事化了，甚至做"鸵鸟"，结果适得其反，引起不必要的杂音和炒作。就全国而言，不同省市、地区、学校、学科之间的对外开放程度和水平还很不平衡，中西部地区更期待政策倾斜，从中央层面进一步做好资源统筹调配，东部地区则更希望进一步"放管服"，给地方和高校更多自主空间。

（四）中国教育国际影响力有待提升

与当前我国综合国力和实力相比、与我国教育规模和质量相比，我国教育的国际影响力和对外软实力建设仍相对滞后。其中，我国战略急需的拔尖创新人才、非通用语种人才、国别区域基地研究人才和来华杰出人才等五类人才培养就事关国际化水平和国际影响力大计。譬如，当前我国的国际组织人才急缺，在国际组织中的代表性明显不足，国际职员数量远低于人员地理配额的下限；而在竞聘重要岗位国际职员时，往往面临无人可推的尴尬局面，国际职员后备人才库建设亟待加强，与之配套的国际组织人才的培养、输送、保障机制建设亟待加强；向国际组织加强派遣实习人员、借调挂职人员、从基层干起的青年人员等方面的工作亟待加强。

（五）教育对外开放的政策研究水平有待提升

伴随着教育对外开放事业的发展和持续推进，我国需要积极参与全球教育治理、积极引导制定国际教育议程，提出具有原创性、前瞻性、普世性的理念和方案。要做好前台工作，需要政府政策研究部门、高校和科研院所的国别区域及国际组织智库、社会智库等开展长期追踪研究，需要智库专家学者深度参与国际教育组织和有关机构的研究和咨询工作。与发达国家智库相比，与新时代新要求相比，我们教育开放发展的政策研究能力差距还比较大，政策话语、研究话语和实践话语脱节的现象还比较普遍，在学术领域有较大影响力、熟悉国际组织运作、能够熟练用外语交流的专家学者还不是很多。

总的来看，新时代教育对外开放既迎来难得机遇，也面临重大挑战。党的十九大报告是我国进入新时代、形成新思想、做好教育对外开放的方向遵循。围绕这一根本遵循，新时代教育对外开放工作至少要回答好四个时代之问：一是如何为实现教育现代化、建成教育强国提供重要支撑；二是如何破解不平衡不充分、满足人民群众对优质教育需求；三是如何进一步服务党和国家工作大局、国家对外开放和整体外交大局；四是如何服务对内构筑中华民族精神共同体、实现民族复兴和对外构筑人类命运共同体、促进人类进步大局。

要有效应对挑战，做好新时代的教育对外开放，我们必须清醒地认识到教育对外开放面临的内外部环境正在发生深刻复杂的变化，进一步坚定信心、保持战略定力，相信今天的中国比以往任何时候更有条件、更有底气搞好教育对外开放、做强教育对外开放；要在复杂矛盾当中善于分析和利用矛盾，做到以我为主、兼收并蓄、谋求主动、积极作为；要下大气力苦练内功，更加从容地应对外部环境变化，促进教育对外开放治理水平和治理能力现代化；要始终坚持敞开国门办教育，做到教育国际化始终与教育现代化同行，更好地服务支撑教育现代化和国家现代化。

第十一章　新时代中国教育对外开放新战略

　　对外开放是国家繁荣发展的必由之路，坚持以开放促改革促发展促创新，是我国现代化建设不断取得新成就的重要法宝。在党的十九大报告中，习近平总书记提出"推动形成全面对外开放新格局"，强调"开放带来进步，封闭必然落后"，"中国开放的大门不会关闭，只会越来越大"，"中国坚持对外开放的基本国策，坚持打开国门搞建设"。① 推动形成全面对外开放新格局，是以习近平同志为核心的党中央作出的重大战略部署，必将为实现民族复兴、促进人类进步提供有力支撑，也必将为加快扩大教育对外开放、助力做强中国教育、推动构建人类命运共同体注入强大动力。

　　我们知道，对外开放既是国家现代化的基本国策，也是教育现代化的基本特征。加快扩大教育对外开放是实现教育现代化和国家现代化的重要支撑。面向 2035 的中国教育对外开放发展战略，应坚持以习近平新时代中国特色社会主义思想为统领，既要着眼长远，按照《中国教育现代化2035》的顶层设计，开创教育对外开放新格局，也要立足当下，围绕《加快推进教育现代化实施方案（2018—2022 年）》，推进共建"一带一路"教育行动。具体来说，站在新时代新起点、面对新形势新要求，围绕"开放再深化、影响再扩大"这一核心任务，面向 2035 的中国教育对外开放发展战略可以

---

① 本书编写组. 党的十九大报告辅导读本［M］. 北京：人民出版社，2017：55.

174

从以下几个方面来进行擘画。①

一、以习近平新时代中国特色社会主义思想统领教育对外开放事业发展

面向 2035 的中国教育对外开放发展战略,首先要明确根本遵循,坚持以习近平新时代中国特色社会主义思想为统领,深入学习贯彻习近平总书记关于教育对外开放的重要论述,统筹国内国际两个大局,提升新时代教育对外开放质量和水平。无论是早在 2013 年 9 月 25 日习近平主席在联合国"教育第一"全球倡议行动一周年纪念活动上发表视频贺词,强调"中国将加强同世界各国的教育交流,扩大教育对外开放,积极支持发展中国家教育事业发展,同各国人民一道努力,推动人类迈向更加美好的明天",还是近在 2019 年 3 月 21 日习近平主席会见美国哈佛大学校长巴科,指出"我们将扩大教育对外开放,加强同世界各国的交流互鉴,共同推动教育事业发展。在此过程中,我们愿同哈佛大学等美国教育科研机构开展更加广泛的交流合作"。对扩大教育开放、加强同世界各国的教育交流的反复强调,体现了习近平一以贯之的推动全面对外开放新格局、构筑中国特色大国外交等的重要治国理政思想,为新时代加快和扩大新一轮教育对外开放提供了根本遵循,指明了前进方向。

在习近平总书记关于扩大教育对外开放重要论述中,集大成者则是 2018 年 9 月 10 日全国教育大会上的重要讲话。习近平总书记用"不拒细流,方为江海"强调要扩大教育对外开放,提升中国教育世界影响力。他从战略高度和改革创新角度提出了做好新时代教育对外开放的"六要"

---

① 熊建辉. 面向 2035 中国教育对外开放的政策要点——新时代职业教育国际化发展战略与创新路径思考(中)[J]. 中国职业技术教育,2019(15):5-14.

论述[①]：

一要"坚持对外开放不动摇，加强同世界各国的互容、互鉴、互通"，这明确了新时代教育对外开放的基本政策和战略定位；

二要"聚焦世界科技前沿和国内薄弱、空白、紧缺学科专业，同世界一流资源开展高水平合作办学，把质量高、符合需要的引进来"，这是强调新时代教育对外开放要学习借鉴世界先进经验、助力做强中国教育、服务支撑教育现代化和国家现代化的战略重点；

三要"打造更具国际竞争力的留学教育，将我国建成全球主要留学中心和世界杰出青年向往的留学目的地，吸引海外顶尖人才来华留学，培养未来全球精英"，这是做强教育对外开放、提升中国教育国际竞争力的重要标志和着力方向；

四要"增强教育服务国家外交的能力，通过教育交流合作，继续办好全球孔子学院、孔子课堂，让全球几千万汉语学习者、几十万来华留学生成为中国的好朋友"，这是教育对外开放在服务中国特色大国外交中主动谋贡献、营造有力外部环境、促进民心相通和文明互鉴的重要内容；

五要"大力培养掌握党和国家方针政策、具有全球视野、通晓国际规则、熟练运用外语、精通中外谈判和沟通的国际化人才，有针对性地培养'一带一路'等对外战略急需的懂外语的各类专业技术和管理人才，有计划地培养选拔优秀人才到国际组织任职"，这是教育对外开放聚力人才培养、积极参与全球治理、服务中国走向世界舞台中央的人才和智力支撑；

六要"加快建设中国特色海外国际学校，解决各类驻外机构、海外中资机构工作人员，以及赴海外经商、务工人员随居子女在国外接受汉语教育问题，同时为海外华侨华人子女学习中文、学习中国历史文化提供便利"，这是新时代教育对外开放可以主动作为的重要增长点。

---

① 习近平.论坚持全面深化改革[M].北京：中央文献出版社，2018：475-476.

以上"六要"论述,为我们做好新时代教育对外开放指明了具体方向,要求我们深入学习领会,抓好贯彻落实,加强内外统筹、战略谋划、内涵发展、底线思维。[①] 把习近平新时代中国特色社会主义思想转化为顶层设计和创新行动,在错综复杂的形势下抓住机遇、化解挑战、迎难而上、主动作为、积极担当,更好服务国家全面对外开放新格局,不断提升中国教育全球影响力,这是做好新时代教育对外开放工作、更好地服务党和国家工作大局的根本前提。

二、坚持对外开放基本国策毫不动摇,更好地服务党和国家工作大局

面向 2035 的中国教育对外开放发展战略,要不忘初心,牢记使命,提升对教育对外开放的战略认识,提高做好教育对外开放工作的战略定位,要始终坚持对外开放基本国策毫不动摇;要始终坚持以开放促改革促发展促创新,提升我国教育国际化水平,更好地服务支撑教育现代化和国家现代化;要坚决贯彻落实中央关于教育对外开放的战略部署,始终服务党和国家工作大局,统筹国内国际两个大局,增强服务中心工作能力,提升教育对外开放质量和水平,自觉服务"一带一路"建设等倡议,推动实施创新驱动发展战略、科教兴国战略、人才强国战略等新时代强国战略,助力民族复兴,促进人类进步。这是新时代教育对外开放事业的战略定位,也充分体现着中国教育对外开放战略的根本宗旨。

一方面,我们要提升战略认识,坚持以服务支撑教育现代化和国家现代化作为战略使命。中国特色社会主义进入新时代,教育的基础性、先导性、全局性地位和作用更加凸显。加快向创新型国家迈进,建设现代化经

---

① 田学军.认真学习贯彻全国教育大会精神 努力开创教育改革发展新局面[N].中国教育报,2018-10-25(1).

济体系,建设富强民主文明和谐美丽的社会主义现代化强国,实现中华民族伟大复兴的中国梦,满足人民美好生活需要,必须加快教育现代化,把我国建设成为教育强国。党的十九大作出了优先发展教育事业、加快教育现代化、建设教育强国的战略部署,新时代首次全国教育大会亦对教育强国战略进行了专门部署,《中国教育现代化2035》则确立了在全面建成小康社会基础上下一阶段的奋斗目标,即再经过15年努力,到2035年,总体实现教育现代化,迈入教育强国行列,推动中国成为学习大国、人力资源强国和人才强国,为到21世纪中叶建成富强民主文明和谐美丽的社会主义现代化强国奠定坚实基础。加快和扩大新一轮教育对外开放,要围绕2035年教育现代化的施工蓝图和宏大愿景,以开放促改革促发展促创新,把开创教育对外开放新格局作为战略任务。《中国教育现代化2035》规划的关于教育对外开放的"1+13+X"①战略任务和落地举措,构成了中国教育国际化2035战略愿景和总体目标。

开启新时代教育对外开放新征程,要着眼长远,以目标为导向,按照《中国教育现代化2035》的总体要求,继续强化教育对外开放的顶层设计,开创教育对外开放新格局。其中,"1"是总体要求,即十大战略任务之九的"开创教育对外开放新格局"。"13"是子任务,包括:全面提升国际交流合作水平,推动我国同其他国家学历学位互认、标准互通、经验互鉴;扎实推进"一带一路"教育行动;加强与联合国教科文组织等国际组织和多边组织的合作;提升中外合作办学质量;优化出国留学服务;实施留学中国计划,建立并完善来华留学教育质量保障机制,全面提升来华留学质量;推进中外高级别人文交流机制建设,拓展人文交流领域,促进中外民心相通和文明交流互鉴;促进孔子学院和孔子课堂特色发展;加快建设中国特色海外国际学校;鼓励有条件的职业院校在海外建设"鲁班工坊";积极参与全球教育治理,深度参与国际教育规则、标准、评价体系的研究制定;推进与国

---

① 新华社. 中共中央、国务院印发《中国教育现代化2035》[N]. 人民日报,2019-02-24(1).

际组织及专业机构的教育交流合作;健全对外教育援助机制。"X"是在第九项战略任务以外教育国际化服务支撑教育现代化和国家现代化的具体任务要求,在其他战略任务及战略背景、总体思路、实施路径、保障措施等部分有直接或间接体现。

另一方面,我们也要紧紧围绕统筹推进"五位一体"总体布局和协调推进"四个全面"战略布局,精准锁定强国目标,为整体强国战略和各项强国目标的实现做出积极贡献,更好地服务支撑富强民主文明和谐美丽的社会主义现代化强国建设。党的十九大报告中提出的作为21世纪中叶建成社会主义现代化强国的国家层面支撑的18项强国或国家目标任务[①],即教育强国、人才强国、制造强国、科技强国、质量强国、航天强国、网络强国、交通强国、海洋强国、贸易强国、文化强国、体育强国、平安中国、美丽中国、数字中国、健康中国、智慧社会、学习大国,覆盖了社会主义现代化建设各个领域,呈现出教育强国与其他强国战略相互支持、协同推进的格局,到2035年,教育强国战略有望率先取得突破性进展,而教育对外开放可以为教育强国和其他各项强国目标的实现提供强有力的支撑。

三、打造"四点一线一面"全面教育对外开放新布局

完善和优化教育对外开放战略空间布局,是新时代做好教育对外开放战略谋划需要重点思考的问题。从总体来看,我们要考虑不同地区教育水平和区域发展需要,有所侧重、因地制宜,要在积极服务国家区域发展总体战略、完善部省战略合作制度、优化区域教育政策支持体系、推进区域教育现代化创新试验中主动谋求贡献,设计行动方案,坚持以开放促区域教育改革、发展和创新,提升区域教育国际化水平。

具体来说,从更好地服务支撑经济社会发展全局的战略高度出发,新

---

① 张力. 如何理解 2035 年教育现代化目标[N]. 光明日报,2019-03-19(13).

时代教育对外开放在继续支撑西部开发、东北振兴、中部崛起、东部率先的区域发展总体战略,夯实因地制宜、特色发展的全面教育对外开放新格局的基础上,①要全面支持开创"四点一面一线"("四点"分别指河北雄安新区、长三角地区、粤港澳大湾区和海南自贸区,"一面"指中西部地区,"一线"指"一带一路"沿线)教育改革发展新格局②,着力打造新一轮教育对外开放四大战略高地。

第一,要通过"四点"创新探索、示范引领,推动国际教育示范区、中外人文交流示范区和"一带一路"教育行动示范区的建设,建成四个全球教育和人文高地,进一步牵引推动建成若干个区域性国际教育中心,为2035年建成教育强国、基本建成社会主义现代化强国做出积极贡献。

第二,要发挥"四点"及自贸区、自贸港先行先试功能和"一线"国内节点省市深度开放优势,实现教育对外开放转型升级,辐射带动"一面"教育对外开放,促进长江经济带、环渤海地区教育对外开放。

第三,要加大对东北教育支持力度,努力实现国际教育交流合作的新突破,助力推进新时代东北教育发展的新突破,走出具有东北特色的教育开放发展服务区域发展之路,增强服务东北全面振兴战略能力。

第四,要加大政策倾斜力度,支持中部地区不断扩大教育对外开放的广度和深度,更好地服务支撑中部地区新一轮崛起。

第五,要引导沿边地区利用地缘优势,推进与周边国家教育合作交流,形成区域性开放特色。

第六,要继续支持东部地区整体提升教育对外开放水平,率先办出中国特色、世界水平的现代教育,不断提高中国教育的国际地位和国际影响力。

① 中华人民共和国教育部.《国家教育事业发展"十三五"规划》学习辅导读本[M].北京:教育科学出版社,2017:45-46.
② 新华社.绘就新时代加快推进教育现代化建设教育强国的宏伟蓝图——教育部负责人就《中国教育现代化2035》和《加快推进教育现代化实施方案(2018—2022)》答记者问[EB/OL].2019-02-23.[2020-08-14].http://www.moe.gov.cn/jyb_xwfb/s271/201902/t20190223_370865.html.

四、形成新时代"一体两翼"全面教育对外开放新格局

从更好地服务支撑国家全面对外开放全局和中国特色大国外交全局的战略高度出发,新时代教育对外开放对外要积极完善对外战略格局,坚持把推进共建"一带一路"教育行动作为重点任务,聚力打造"一带一路"教育行动升级版,积极构建"一带一路"教育共同体("一体"),在布局、重点、资源和力量投放上都要向"一带一路"建设聚焦,持续夯实全方位、多层次、宽领域教育对外开放总体格局,同时以深化中外人文交流"一翼"促进民心相通和文明互鉴,以国际教育合作"一翼"夯实双边多边教育交流,聚力建成"一体两翼"全面教育对外开放新格局,更好地服务构筑人类命运共同体。

其中,"一体"从民心相通、人才支撑等方面出发,助力与"一带一路"沿线相关国家共同打造政治互信、经济融合、文化包容的利益共同体、命运共同体和责任共同体。从外延来看,在推进共建"一带一路"从理念转化为行动、从愿景转化为现实、从倡议转化为全球广受欢迎的公共产品后,我们要始终秉持合作共赢原则,从谋篇布局的"大写意"转入精耕细作的"工笔画",向高质量发展转变,造福沿线国家人民,推动构建人类命运共同体。要聚焦重点、打造范例,针对不同国家和地区特点提出差异化方案,逐渐形成相关国家和地区认同度较高的系列典型模式,发挥示范引领作用,确保在本届政府任期内取得阶段性和实质性进展,为将"一线"拓展为"一圈",到 2035 年建成世界教育中心之一奠定扎实基础。要积极服务和支撑中央对加快和扩大新一轮对外开放的顶层设计和战略擘画,扎实推进"一带一路"建设,更加聚焦项目落地、政策对接和机制建设,进一步凝聚共识、扩大成果,实现更高质量、更高标准、更高水平发展,开创对外开放新格局,为各国加强互利合作、实现共同繁荣注入更强劲动力。要继续秉持共商、共建、

共享理念，深化互利共赢开放战略，推进形成更加宽广多元的对外开放格局；积极维护多边贸易体制主渠道地位，促进国际贸易和投资自由化便利化，反对一切形式的保护主义，全力推动构建开放型世界经济；与世界各国一道，在开放中扩大共同利益，在合作中实现机遇共享。从内涵来看，新时代教育对外开放要立足当下，坚持问题导向，围绕《加快推进教育现代化实施方案(2018—2022 年)》的要求①，将"1＋5＋X"的教育对外开放重点任务和落地举措积极转化为创新实践，谋划好新时代教育对外开放的行动方案和落地举措，推进共建"一带一路"教育行动，争取在本届政府任期内取得实质性突破，收获早期成果。其中，"1"是十项重点任务之九，即推进共建"一带一路"教育行动。"5"是子任务，包括加快培养高层次国际化人才，完善留学生回国创业就业政策，提高中外合作办学质量，完善中外合作办学准入和退出机制；加强与共建"一带一路"国家教育合作，建设"一带一路"教育资源信息服务综合平台，建立国际科教合作交流平台，实施高等学校科技创新服务"一带一路"倡议行动计划；深化与共建"一带一路"国家人文交流，大力支持中外民间交流，加强中外体育艺术等人文交流；优化孔子学院区域布局，加强孔子学院能力建设，全面提高办学水平；加大汉语国际教育工作力度。② 此外，多项具体任务举措直接或间接体现在其他重点任务之中，同时其外延拓展到国家整个对外开放战略和中国特色大国外交格局当中，可以称之为"X"。在扎实推进"一带一路"教育行动、构建"一带一路"教育共同体的基础上，实现新时代教育对外开放的转型升级，逐步开创全面教育对外开放新格局。

与此同时，聚力建成"一体两翼"全面教育对外开放新格局，需要中外人文交流和国际教育合作这"两翼"提供有力支撑。

---

① 新华社.中办、国办印发《加快推进教育现代化实施方案(2018—2022 年)》[N].人民日报，2019-02-24(1).
② 新华社.中办、国办印发《加快推进教育现代化实施方案(2018—2022 年)》[N].人民日报，2019-02-24(1).

　　一方面,要从拓展教育对外开放的外延和广度出发,深化中外人文交流这"一翼",继续巩固、深化和拓展中外人文交流机制,坚定中国特色社会主义道路自信、理论自信、制度自信、文化自信,积极服务国家改革发展和对外战略的大局,完善中外人文交流布局,创新高级别人文交流机制,改革人文交流内容、形式和工作机制,将人文交流理念贯彻到对外交往的各个领域,彰显中国特色、中国风格、中国气派,促进中外民心相通和文明互鉴。要充分发挥高级别人文交流机制示范带动作用,加强与重点国家、重点区域人文交流。要打造一批具有中国特色、国际影响的人文交流品牌,大力支持中外民间交流,扩大足球、冰雪运动等青少年体育交流,推动建设一批"鲁班工坊",强化中外智库交流,讲好中国故事。要推动人文交流理念传播,加强民间教育交流,加强国际理解教育,提升师生人文交流能力。要加强中外体育、艺术等人文交流,向世界展示中国体育、艺术教育成果,引进国外优秀体育、艺术项目。要推进孔子学院改革发展,围绕建设中国特色社会主义文化强国,服务中国特色大国外交,深化改革创新,完善体制机制,优化分布结构,加强能力建设,提高办学质量,使之成为中外人文交流的重要力量。要加大汉语国际教育工作力度,支持海外华文教育,为华侨等国外汉语学习者提供支持;加强汉语考试标准化建设,实施汉语国际推广名师计划,促进汉语国际学习和使用。① 此外,中外人文交流这"一翼"还要以中外教育交流为引领,助力构建"一带一路"人文共同体。② 要与沿线国家和有关国际组织共同推动建立多层次人文合作机制,搭建更多合作平台,开辟更多合作渠道;推动教育合作,扩大互派留学生规模,提升合作办学水平;建好"一带一路"国际智库合作委员会和"一带一路"新闻合作联

---

　　① 新华社.绘就新时代加快推进教育现代化建设教育强国的宏伟蓝图——教育部负责人就《中国教育现代化 2035》和《加快推进教育现代化实施方案(2018—2022)》答记者问[EB/OL].2019-02-23.[2020-08-14].http://www.moe.gov.cn/jyb_xwfb/s271/201902/t20190223_370865.html.

　　② 推进"一带一路"建设工作领导小组办公室.共建"一带一路"倡议:进展、贡献与展望[R].2019-04-23.

盟；继续开展历史文化遗产保护、文物援外合作、联合考古合作，推进博物馆交流合作，联合打造具有丝绸之路特色的旅游产品；加强政党、民间组织往来，密切妇女、青年等群体交流，促进包容发展；与联合国儿童基金会共同发起"关爱儿童、共享发展，促进可持续发展目标实现"合作倡议；启动"丝路一家亲"行动，推动沿线各国社会组织共同开展民生领域合作；继续向沿线发展中国家提供力所能及的教育和人文领域的支持和帮助。

另一方面，要从内涵和程度上深化国际教育合作这"一翼"出发，全面加强与世界各国、地区和国际组织的教育务实合作，不断丰富开放内涵，提高开放质量和水平，提升中国教育国际竞争力和影响力。坚持以"请进来"为主，继续深化与主要发达国家间的特色教育交流合作；以"走出去"为主，积极拓展与发展中国家的友好教育交流合作。要将国际合作与人才培养、科学研究、社会服务、文化传承创新并列为大学的重要使命，促进教育发展要素跨境配置、教育教学过程跨境重构，引进一流大学、特色学科和高水平师资，加强课程开发、联合科研和科技创新，继续借鉴国外高校先进的管理和教学理念，提升教育国际合作与交流水平。

五、聚焦高水平国际化人才培养，重点培养国家战略急需"五类人才"

无论教育国际化的内涵和外延如何变化，高水平人才培养始终是我国教育对外开放的工作主线。要始终坚持把高水平国际化人才培养作为新时代教育对外开放的根本任务，拓展重点国家留学、合作办学渠道和项目，继续利用世界最优质的教育资源和我国优质教育资源，特别是一流的大学和科研机构、一流的专家学者、一流的学科专业，聚力培养国家战略急需的科技创新人才、多语种人才、国际组织人才、国别区域研究人才和来华杰出人才。

第一，围绕科技创新人才培养，要进一步做好公派留学工作，拓展重点国家留学合作渠道和项目，大力输送和培养国家急需的科技创新人才；要进一步做好出国留学服务工作和留学生思想工作，鼓励引导广大留学生学有所成、报效祖国。要提高出国留学人才培养质量。优化出国留学服务工作，健全留学人员信息化管理服务机制，完善留学人员管理服务体系。加强统筹规划，完善派遣政策，充分发挥国家公派留学对高端人才培养的调控补给作用，瞄准国内急需、薄弱、空白和关键领域，发挥国家公派留学对高端人才培养的示范引领，加快培养国家战略急需人才。加大国际组织人才培养和选送力度，实施国际组织人才培养计划。不断优化留学人员回国创新创业。继续发挥好"春晖杯"中国留学人员创新创业大赛作用，为留学回国人员创新创业提供优质的全链条服务。[①] 要积极推进教育改革先行先试，先行先试地区实行全学段、高起点、有特色的开放，打造教育对外开放新高地；打造"一带一路"教育行动升级版，进一步深化教育合作与人文交流；开展具有竞争力的留学教育，打造"留学中国"品牌。中国将继续通过出国留学渠道培养现代化建设需要的各类人才，既欢迎广大学子学成归国发展，也尊重和支持他们的个人选择。同时，欢迎国外高水平大学与中国高校在理、工、农等领域开展高水平合作办学，鼓励外国大学参与中国"双一流"建设，推进中国教育现代化。要坚持以满足优质教育需求作为创新路径。同世界一流资源开展高水平合作办学，在国家急需的前沿、薄弱、空白学科开展合作办学。[②] 严格落实中外合作办学党建工作要求。加快修订《中外合作办学条例》及其实施办法。建成一批高水平示范性中外合作办学机构和项目。简化行政许可程序，进一步向地方和高校放权。

第二，围绕非通用语种人才培养，要在研究改革高校公共外语教学、双语教学的基础上，加强多语种教学探索，积极培养"语言＋专业"的高水平

---

① 中华人民共和国教育部.《国家教育事业发展"十三五"规划》学习辅导读本［M］.北京：教育科学出版社，2017：45-46.

② 习近平.论坚持全面深化改革［M］.北京：中央文献出版社，2018：475-476.

国际化复合型人才。

第三，围绕国际组织人才培养，要进一步做好推送高校毕业生到国际组织实习任职工作，为我国积极参与全球治理培养更多高素质国际化人才。

第四，围绕国别区域研究人才培养，要在实现国别区域及国际组织研究基地全覆盖的基础上，推进重点建设和示范引领，培育一批能参与全球、区域和国别对话的高水平国际化智库研究人才，产出更多高水平研究成果，为国家对外战略提供有力的智力支撑。

第五，围绕来华杰出人才培养，要进一步做好来华留学工作，实施好"丝绸之路"中国政府奖学金项目，源源不断地培养知华友华力量，构筑新时代中国特色大国外交和建设开放型世界经济的宝贵人力资源财富，促进中外民心相通和文明交流互鉴。要实施"留学中国"计划升级版，打造"留学中国"质量品牌。完善来华留学政策法规体系建设，建立来华留学质量标准和保障体系，提高师资和课程的国际化水平，加强来华留学管理与监督，提升来华留学服务水平，稳步扩大来华留学规模。更好发挥中国政府奖学金的引领作用，创新奖学金管理模式，加强来华杰出人才培养。推进中外学生趋同化管理和服务。做好来华留学校友和毕业生工作。提升境外办学水平。加快研究制定境外办学指南，为境外办学提供法律保障、政策指导和必要的政策便利。积极发挥驻外使领馆、智库、协会、企业等在境外办学中的作用。支持高校自主、高效、有序赴境外办学。加快海外中国国际学校建设，加快制定海外中国国际学校建设指导意见和实施指南。

六、突出优先和重点领域，在扎根中国大地基础上做强各级各类教育

突出优先领域，在扎根中国大地基础上将全球的、跨国的、跨文化的、

国际的或比较的维度融入人才培养、科学研究、社会服务、文化传承与创新、国际交流与合作的全过程，助力做强中国教育，是新时代教育对外开放的重要战略使命。

要提升"双一流"高校国际竞争力，助力国内高校与世界一流大学和学术机构深化实质性合作，开展高水平人才联合培养和科学联合攻关。要牵头组织国际大科学计划和大科学工程，要按照国家创新驱动发展战略要求，以全球视野谋划科技开放合作，聚焦国际科技界普遍关注、对人类社会发展和科技进步影响深远的研究领域，集聚国内外优秀科技力量，量力而行、分步推进，形成一批具有国际影响力的标志性科研成果，提升我国战略前沿领域创新能力和国际影响力。努力提高学科建设、专业教师、科研成果的国际竞争力。重点建设一批国际合作研究与创新示范基地。加快高校国际联合实验室建设，提高参与国际领先实验室建设能力。支持高校与国外高水平大学、顶尖科研机构开展实质性学术交流和科研合作。推动高校参与并牵头组织国际大科学计划和大科学工程，提升国际竞争力和影响力。"请进来"与"派出去"并举，加强师资队伍建设，全面提升学校教师队伍国际化水平。要深化院校交流合作。支持研究型大学与世界一流大学和学术机构开展高水平人才联合培养及科学联合攻关，依托优势学科举办高水平国际学术论坛，打造高端国际学术交流合作平台。支持职业学校和应用型高校引进国（境）外高水平专家和优质课程资源，鼓励中外职业学校教师互派、学生互换。完善高校教师和科研人员出国交流、国际会议、外事接待等管理制度，开展大中小学校长和骨干教师海外研修培训，鼓励支持教师更广泛更深入地参加国际学术交流与合作。

要提升国际化水平，做强职业教育。建设更加开放畅通的职业教育国际合作平台。加强职业教育国际标准连通，探索职业教育学生国际实习等渠道。设立海外职业教师培养培训项目，构建多元化师资队伍。支持开展中外职业教育实训基地交流合作，在"一带一路"沿线国家建设一批"鲁班工坊"，在非洲地区设立一批区域职业教育中心。支持职业教育"走出去"，探索与中国企业和产品相适应的海外发展模式。围绕2035战略部署，积极落实《国家职业教育改革实施方案》和教育部、财政部《关于实施中国特色高水平高职学校和专业建设计划的意见》，重点做好三个方面的工作：一是围绕办好新时代职业教育的新要求，继续加强与欧美等职业教育发达国家的交流合作，积极引进优质职业教育资源，在开放中建成一批高水平高职学校和高水平专业群，打造技术技能人才培养高地和技术技能创新服务平台，支撑国家重点产业、区域支柱产业发展，进而带动职教国际化整体质量和水平提升，引领新时代职业教育实现高质量发展，确保2035年建成一批具有国际先进水平的高职学校和专业群，引领带动职业教育整体实现现代化，为促进经济社会发展和提高国家竞争力提供优质人才资源支撑。二是积极参与制定职业教育国际标准，开发国际通用的专业标准和课程体系，推出一批具有国际影响的高质量专业标准、课程标准、教学资源，使职业教育高质量发展的政策、制度、标准体系更加成熟完善，形成中国特色职业教育发展模式，打造中国职业教育国际品牌。三是积极参与"一带一路"建设和国际产能合作，培养国际化技术技能人才，促进中外人文交流；探索援助发展中国家职业教育的渠道和模式；开展国际职业教育服务，承接"走出去"中资企业海外员工教育培训，建设一批鲁班工坊和区域性国际职教中心，推动技术技能人才本土化。①

　　要以国际理解教育为重点，提升基础教育国际化水平。支持有条件的中小学校与国外学校建立友好学校关系，开展多渠道对外文化教育交流，拓宽国际视野。将国际理解教育纳入中小学课程，培养德智体美劳全面发展且具有国际视野的新时代青少年。鼓励中小学开设非通用语种教学班和兴趣班。增强中小学教师国际交往能力。

---

　　① 教育部，财政部.关于实施中国特色高水平高职学校和专业建设计划的意见[EB/OL].(2019-03-29)[2019-12-21]. http://www. moe. gov. cn/srcsite/A07/moe_737/s3876_qt/201904/t20190402_376471. html.

要以推动形成"中国标准"为重点,提升中国教育国际竞争力。要在已与有关国家和地区签署学历学位互认协议的基础上,进一步加快推进学历学位互认工作,让更多国家和地区认可中国教育特别是高等教育质量标准;要加强与国际教育质量组织的合作,积极参与国际教育质量标准研究制定,让标准的进步为双方的合作提供新保障。提升在线教育国际化水平。加强中国特色在线课程国际传播。研究在线课程质量保障体系建设。研究引进优质国外在线课程教学资源。通过"互联网+""智能+"等方式推动教育教学和人才培养模式变革。实现世界各国官方语言专业设置和人才培养全覆盖。建立中国特色国际课程开发推广体系。支持基础教育、职业教育和高等教育统筹利用国内外优质教育资源,开发具有中国特色和国际竞争优势的课程、教材和评价工具,建立中国特色国际课程推广平台,面向全球推介中国优质教育资源。不断扩大汉语国际推广。健全汉语国际教育学科体系,实施汉语国际推广名师计划。支持更多国家将汉语纳入国民教育体系。完善汉语国际推广机构与当地汉语教育互动机制。积极发挥孔子学院作用,推动数字孔院发展计划。

要以教师为关键,提高师资队伍国际化水平。实施国际水平师资培养计划和中青年教师海外访学进修计划,支持教师国外访学、攻读学位,全面提升中青年教师学术研究能力和教育教学能力;继续实施"影子教师"和"影子校长"计划,在海外设立若干个教师培训实践基地,多种形式支持各级各类学校教师和校长参加海外培训,全面提升教师国际视野和教育教学能力;统筹师资调配,落实经费资源,制定质量标准,提升外籍教师服务管理水平,组建一支安全优质、友好有益、多元包容的外籍教师队伍;研究外籍教师资格论证体系,不断优化外籍教师在华居留和工作的环境。

七、肩负为人类谋进步使命，主动参与、推动和引领全球教育治理变革

积极参与全球教育治理，是新时代教育对外开放的全球使命。参与全球教育治理，要加强与联合国教科文组织战略合作，积极参与联合国、二十国集团、金砖、上合、APEC（亚太经合组织）等多边框架下的教育治理机制，加大参与教育领域国际规则、标准研究制定和修改的力度，做好国际职员及各领域专家培养推送工作。

具体来说，一要密切与国际组织的合作关系。推动实施联合国《2030年可持续发展议程》教育目标，参与国际重要教育机制和重大教育行动，参与全球教育规则制定，逐步扩大国际教育公共产品供给。二要深度参与国际教育规则、标准、评价体系的研究制定。结合全球教育发展热点，主动发起教育议题，通过与国际组织合作设立教育信托基金、奖项等，不断创新与国际组织的教育合作方式，推动全球教育发展。三要推进与国际组织及专业机构的教育交流合作，支持创设新的国际组织，形成一批有重要影响力的国际机构。加强国际组织人才队伍建设，注重人员结构的系统布局；推动设立"中国国际志愿者协会"项目；吸引更多国际教育组织总部及专业机构落驻中国；创建"一带一路"政府间教育合作组织；完善支持政策，鼓励教育领域优秀人才到国际组织任职服务，支持优秀青年师生参加国际服务和国际合作项目；加大国际职员后备人才培养力度，积极向国际组织派遣实习生和借调人员。四是健全对外教育援助机制。加强顶层设计和总体规划，丰富教育援外形式，提高援外资金使用效率，塑造正面国际形象。坚持"投资于人、援助于人、惠及于人"原则，开展优质教学仪器、整体教学方案、

配套师资培训一体化援助。研究援外教师鼓励办法和支持政策。[①]

八、强化教育对外开放条件保障，切实为建设教育强国提供战略支撑

要完善体制机制是教育对外开放的治理保障。当前，如何更好贯彻落实教育对外开放的顶层设计和战略部署，以全面深化改革促开放创新发展，实现教育对外开放治理能力和治理水平现代化，特别是强化开放治理保障能力，完善各地各校教育开放治理能力，鼓励支持全社会参与助力形成教育对外开放新格局，是教育系统面临的重大挑战，也是必须实现的攻坚任务。

一要坚持把加强党对教育对外开放事业的全面领导作为做好新时代教育对外开放的根本保证。加强党对教育对外开放工作的领导，要贯彻党的教育方针和外交方针，确保正确的工作方向。发挥各级党委在教育对外开放战略目标制定、人才培养、干部管理等工作中的领导作用，强化责任意识，把党的领导贯穿教育对外开放全过程。加强和改进中外合作办学机构党建工作，加快培养一批政治坚定、视野开阔的优秀涉外办学管理人才。加强对党忠诚、内外兼通的教育外事干部队伍建设。

二要构建成熟的教育对外开放法律体系。尽早研制出台涉外或国际教育法，统筹指导各级各类学校涉外办学（如来华办学和境外办学）、人员流动（如出国留学与来华留学、外专外教）、语言教育（如外语学习和汉语推广）、开发援助、人文交流、全球治理等教育对外开放领域工作的开展，确保依法开展教育对外开放工作。

三要构建教育对外开放质量保障体系，如保障教育对外开放经费投

---

① 中华人民共和国教育部.《国家教育事业发展"十三五"规划》学习辅导读本[M].北京：教育科学出版社，2017：45-46.

入,确保经费更多向人才培养和对外建设倾斜;在世界贸易组织框架下做好教育服务贸易工作,按照市场规则有序做大教育服务贸易品牌,扭转国际教育服务贸易逆差;探索出台国际学术合作激励和支持政策,激发学校教师和科研院所人员积极性,推动教学科研人员深入开展国际交流合作。建立健全教育对外开放工作质量评价和督导评估制度。建立评价体系,设立稳定的督导队伍,定期开展专项评估制度。健全规划实施的中期评估和年度监测制度,完善考核机制和问责制度。

四要加强智库支撑。加强智力支持,充分发挥高校智库建言献策、前瞻谋划作用。重点面向"一带一路"沿线国家布局,加强国别和区域研究机构建设,壮大专业研究队伍,实现国别区域研究全覆盖;设立国家教育对外开放专家咨询委员会,完善制度保障,设立教育、外交等多部门协作联动机制;设立中外人文交流专家咨询委员会,为中外人文交流提供高水平的决策咨询;依托高校、科研院所和智库等建立高水平中外人文交流国别研究中心,为提高中外人文交流理论研究水平提供有力支持。

五要重视对外宣传,维护安全利益。开展教育对外开放政策权威解读,进一步统一思想、凝聚认识。宣传教育对外开放典型案例,推广成功经验,营造良好的舆论氛围。完善教育对外开放数据统计,构建教育开放管理信息系统,建设世界教育事业发展、政策法规和信息资源数据库,以信息化提升教育对外开放治理水平和治理能力现代化。切实维护我国教育主权和国家利益。加强外事纪律教育,建立舆情应对机制,完善管理规章制度,维护国家利益。做好风险防控,坚定不移捍卫国家政治安全和教育主权,依法依规做好教育涉外活动监管工作。

总之,对外开放是中国的基本国策,毫不动摇坚持对外开放是面向2035的战略方向,教育对外开放在建设现代化强国的征途中大有作为,可谓使命光荣、天地广阔、潜力无限。我们要在党的坚强领导下,全面贯彻党的教育方针,深入贯彻落实全国教育大会精神和《中国教育现代化2035》

及其配套文件要求,贯彻中央关于做好教育对外开放工作的战略部署和要求,强化内外统筹、战略谋划、内涵发展、底线思维,推动教育对外开放更好为人民服务、为中国共产党治国理政服务、为巩固和发展中国特色社会主义制度服务、为改革开放和社会主义现代化服务;更好为实现教育现代化服务、为建设教育强国服务、为办好人民满意的教育服务、为中华民族伟大复兴服务;更好为党和国家工作大局服务、为中国特色大国外交服务、为形成全面对外开放格局服务、为构建人类命运共同体服务。只要我们扎实践行,就一定能形成全面教育对外开放新格局,建成世界教育的重要中心和国际教育高地,谱写出教育对外开放的华彩新篇章。

参考文献

1. Callan H. Higher Education Internationalization Strategies: Of Marginal Significance or All-pervasive? [J]. Higher Education in Europe, 2000(25).

2. Chen C M, Hu Z G, Liu S B, et al. Emerging Trends in Regenerative Medicine: A Scientometric Analysis in CiteSpace [J]. Expert Opinion on Biological Therapy, 2012,12(5):1-16.

3. Fraser B J. Classroom Learning Environments: Retrospect, Context and Prospect. In Fraser B J, Tobin K G, & McRobbie C J. (Eds.). Second International Handbook of Science Education. New York: Springer,2012.

4. Lonsbury J, Apple M W. Understanding the Limits and Possibilities of School Reform [J]. Educational Policy: An Interdisciplinary Journal of Policy and Practice, 2012, 26(5):759-773.

5. Unieted Nation. World Urbanization Prospects: The 2018 Revision [EB/OL]. (2018-05-16)[2020-03-30]. https://population. un. org/wup/Publication/Files/WUP2018-Report. pdf.

6. 本书编写组. 党的十九大报告辅导读本[M]. 北京:人民出版社,2017.

7. 蔡昉,王美艳.中国人力资本现状管窥——人口红利消失后如何开发增长新源泉[J].人民论坛·学术前沿,2012(4):56-65.

8. 陈昌贵.1978—2006:我国出国留学政策的演变与未来走向[J].高教探索,2007(5):30-34.

9. 陈超美.CiteSpace II:科学文献中新趋势与新动态的识别与可视化[J].情报学报,2009(3):401-421.

10. 陈凤英.十九大报告诠释全球治理之中国方案——中国对全球治理的贡献与作用[J].当代世界,2017(12):16-19.

11. 陈悦,陈超美,刘泽渊,等.CiteSpace:知识图谱的方法论功能[J].科学学研究,2015(2):242-253.

12. 程今吾.苏联高等教育情况介绍[J].人民教育,1951(2):24-28.

13. 崔文毅,任珂.李克强与德国总理默克尔共同主持第五轮中德政府磋商时强调面向未来双向开放合作共赢[N].人民日报,2018-07-10(1).

14. 戴小红.高职院校教育国际化动因、内涵与路径选择[J].黑龙江高教研究,2012(6):81-84.

15. 范春林,董奇.课堂环境研究的现状、意义及趋势[J].比较教育研究,2005(8):61-66.

16. 范燕瑞.美国 K-12 阶段的 STEM 课程[J].上海教育,2012(11):20-21.

17. 冯宝晶."一带一路"视角下我国职业教育国际化发展的理念与路径[J].中国职业技术教育,2016(23):67-71.

18. 伏梦瑶,徐国庆.美国 K-12 技术教育与 STEM 教育的共生关系研究[J].现代教育管理,2019(9):102-107.

19. A. A. 福民,李敬永.苏联高等教育的改革——在京津高等学校院系调整座谈会上的讲话[J].人民教育,1952(9):10-11.

20. 高奇.中国职业教育四十年[J].教育与职业,1989(9):6-9.

21. 郭文斌,陈秋珠.特殊教育研究热点知识图谱[J].华东师范大学学报(教育科学版),2012(3):49-54.

22. 郭文斌.知识图谱:教育文献内容可视化研究新技术[J].华东师范大学学报(教育科学版),2016(1):45-50,114.

23. 郝天聪,石伟平.产业结构转型与职业教育办学模式改革——基于对美国、德国、日本、中国的比较分析[J].现代教育管理,2020(8):122-128.

24. 何万宁.经济全球化与高等教育国际化[J].暨南大学学报(哲学社会科学版),2001(23):19-24.

25. 侯剑华.国际能源技术前沿热点领域演进的可视化[J].中国科技论坛,2008(11):140-144.

26. 侯剑华,胡志刚.CiteSpace软件应用研究的回顾与展望[J].现代情报,2013(4):99-103.

27. 胡微,王亚南.职业教育国际化:背景、趋势及战略抉择——基于新世纪以来职业教育国际化政策的分析[J].现代教育管理,2018(1):82.

28. 黄日强.澳大利亚高等职业教育的国际化[J].外国教育研究,2003(7):51-55.

29. 王嘉慧.美国职业教育的几个问题[J].外国中小学教育,1984(4):42.

30. 江彦桥.我国对外教育政策研究[D].上海:华东师范大学,2005:25.

31. 姜大源."学习领域"课程:概念、特征与问题——关于德国职业学校课程重大改革的思考[J].外国教育研究,2003(1):26-31.

32. 教育部,财政部.关于实施中国特色高水平高职学校和专业建设计划的意见[EB/OL].(2019-03-29)[2019-12-19].http://www.moe.gov.cn/srcsite/A07/moe_737/s3876_qt/201904/t20190402_376471.html.

33. 教育部发展规划司.2018 年全国教育事业发展基本情况年度发布[EB/OL]（2019-02-26）［2019-12-21］. http：//www. moe. gov. cn/jyb_xwfb/s5147/201902/t20190227_371408. html.

34. 教育部.关于建立完善以改革和绩效为导向的生均拨款制度加快发展现代高等职业教育的意见[Z].2014-10-30.

35. 教育部.关于 2013 年深化教育领域综合改革的意见［EB/OL］.（2013-01-26）［2019-12-19］. http：//www. moe. gov. cn/srcsite/A27/zhggs_oth-er/201301/t20130129_148072. html.

36. 教育部.关于《中华人民共和国职业教育法修订草案（征求意见稿）》公开征求意见的公告［EB/OL］.（2019-12-05）［2019-12-18］. http：//www. moe. gov. cn/jyb_xwfb/s248/201912/t20191205_410969. html.

37. 教育部.教育部等六部门关于印发《现代职业教育体系建设规划（2014—2020 年）》的通知［EB/OL］.（2014-06-16）［2019-12-19］. http：//old. moe. gov. cn/publicfiles/business/htmlfiles/moe/moe_630/201406/170737. html.

38. 教育部.2017 年出国留学、回国服务规模双增长［EB/OL］.（2018-03-30）［2018-07-25］. http：//www. moe. gov. cn/jyb_xwfb/gzdt_gzdt/s5987/201803/t2018 0329_331771. html.

39. 教育部.2018 年度我国出国留学人员情况统计［EB/OL］（2019-03-27）［2019-12-21］. http：//www. moe. gov. cn/jyb_xwfb/gzdt_gzdt/s5987/201903/t20190327_375704. html.

40. 教育部.2018 年来华留学统计［EB/OL］.（2019-04-12）［2019-07-15］. http：//www. moe. gov. cn /jyb_xwfb/gzdt_gzdt/s5987/201904/t20190412_377692. html.

41. 教育部.推动共建"一带一路"教育行动［Z］.2016-07-13.

42. 教育部职业教育与成人教育司.中国特色现代学徒制有关情况介

绍[EB/OL]. http://www. moe. gov. cn/jyb_xwfb/xw_fbh/moe_2069/xwfb h_2018n/xwfb_20180427/sfcl/201804/t20180427_334413. html，2018-04-27/2018-05-10.

43. 教育部中外合作办学监管工作信息平台. 由地方审批报教育部备案的机构及项目名单[EB/OL]. (2019-04-12)[2019-07-18]. http://www. crs. jsj. edu. cn/index/sort/1008.

44. 金灿荣. 当前国际形势、中国外交与中美关系——在北航科协大讲堂上的演讲[Z]. 2019-04-10.

45. 李克强. 办更高水平教育育更多优秀人才 为促进经济社会健康发展提供坚实支撑[EB/OL]. (2017-09-09)[2019-12-19]. http://www. xinhuanet. com//2017-09/09/c_1121636916. htm.

46. 李克强. 打造澜湄流域经济发展带建设澜湄国家命运共同体[EB/OL]. (2018-01-11)[2019-12-19]. http://www. xinhuanet. com/world/2018-01/11/c_1122240849. htm.

47. 李克强. 政府工作报告——2019年3月5日在第十三届全国人民代表大会第二次会议上的讲话[EB/OL]. (2019-03-06)[2019-12-19]. http://www. gov. cn/zhuanti/2019qglh/2019lhzfgzbg/.

48. 李芒,等. 教育学科SSCI论文解析[M]. 北京:科学出版社,2016.

49. 李甜. SSCI收录的有关中国教育的研究成果的统计分析(1978—2008)[D]. 上海:华东师范大学,2009.

50. 李越,叶赋桂,蓝劲松. 跻身世界一流大学的学术基准[J]. 教育发展研究,2002(12):50-53.

51. 李云星,李一杉,穆树航. 国际教师教育研究的分布特征、研究前沿与知识基础——基于2000—2015年SSCI教师教育专业期刊的文献计量分析[J]. 教师教育研究,2016(5):115-127.

52. 联合国教科文组织. 反思教育:向"全球共同利益"的理念转变

［M］.北京：教育科学出版社，2017：5.

53.梁珺淇,石伟平.改革开放 40 年职业教育国际化研究热点的可视化分析[J].当代职业教育,2018(6):18-24.

54.刘进,陈劲.改革开放 40 年:面向"一带一路"的高等教育国际化转向[J].河北师范大学学报(教育科学版),2018(20):62-67.

55.刘卫东."一带一路"战略的科学内涵与科学问题[J].地理科学进展,2015(5):538-544.

56.刘文杰.新中国成立 70 年我国职业教育发展回顾与前瞻[J].内蒙古社会科学(汉文版),2019(40):192-197.

57.卢铁城.经济全球化与高等教育国际化[J].中国高教研究,2001(11):17-18.

58.鲁昕.我国职业教育改革发展进入黄金时期[J/OL](2015-10-26)[2018-06-10].http://edu-people-com-cn.webvpn.jxust.edu.cn/n /2015/1026/c1006-27739768.html.

59.马陆亭,安雪慧,熊建辉,等."十四五"教育规划制定:依据点、参考点与关键点[J].现代教育管理,2020(11):1-7.

60.马叙伦.五年来新中国的高等教育[J].人民教育,1954(10):18-20.

61.任元彪,陆云峰.SSCI 和 A&HCI 标准在中国的应用探讨[J].自然辩证法研究,2003(8):63-66.

62.任增元,张丽莎.国际终身教职研究的热点主题与知识基础探析——基于 1916—2015 年 SSCI 数据库的文献计量研究[J].现代大学教育,2017(1):71-79.

63.上海市教育科学研究院,麦可思研究院.2017 年中国高等职业教育质量年度报告[M].北京:高等教育出版社,2017.

64.舒畅.国际化视域下高职院校国际交流与合作开展研究[J].教育

理论与实践,2015,35(30):19-21.

65. 宋文红,朱月娥. 21 世纪中国高等教育国际化的思考[J]. 高等理科教育,2002(4):1-6.

66. 孙劲松,刘悦斌,王兆勤,等. 风物长宜放眼量——从强国兴衰规律看我国面临的外部挑战[N]. 人民日报,2018-09-11(2).

67. 田学军. 认真学习贯彻全国教育大会精神 努力开创教育改革发展新局面[N]. 中国教育报,2018-10-25(1).

68. 田泽忠,陈君,王新然. 高等教育国际化概念框架演变趋势研究[J]. 中国成人教育,2017(14):17-21.

69. 推进"一带一路"建设工作领导小组办公室. 共建"一带一路"倡议:进展、贡献与展望[R]. 2019-04-23.

70. 王广州,王军. 中国人口发展的新形势与新变化研究[J]. 社会发展研究,2019(1):1-20.

71. 王娟,陈世超,王林丽,等. 基于 CiteSpace 的教育大数据研究热点与趋势分析[J]. 现代教育技术,2016(2):5-13.

72. 王少勇,许世华. 未来十年美国教师教育的改革战略:美国教育部《我们的未来,我们的教师》解读[J]. 比较教育研究,2012(8):62-66.

73. 王燕. 2019 全球关键词[N]. 中国教育报,2020-01-17(3).

74. 王忠昌. 改革开放 40 年我国职业教育国际化政策的变迁及展望——基于 42 份国家层面政策文本的分析[J]. 职业技术教育,2018(21):15-21.

75. 习近平:敢于担当善谋实干锐意进取 深入扎实推动地方改革工作 李克强刘云山张高丽出席[EB/OL](2017-07-20)[2019-12-21]. http://cpc. people. com. cn/n1/2017/0719/c64094-29415994. html.

76. 习近平. 共同构建人类命运共同体——在联合国日内瓦总部的演讲[EB/OL]. (2017-01-18)[2019-12-19]. http://www. xinhuanet. com/

world/2017-01/19/c_1120340081.htm.

77. 习近平. 就加快发展职业教育作出重要指示[N]. 人民日报,2014-06-24(1).

78. 习近平. 决胜全面建成小康社会 夺取新时代中国特色社会主义伟大胜利——在中国共产党第十九次全国代表大会上的报告[N]. 人民日报,2017-10-28(1).

79. 习近平. 论坚持全面深化改革[M]. 北京:中央文献出版社,2018:475-476.

80. 习近平:思想再解放 改革再深入 工作再抓实 推动全面深化改革在新起点上实现新突破 李克强张高丽汪洋王沪宁出席[EB/OL].(2018-01-24)[2019-12-21].http://politics.people.com.cn /n1/2018/0123/c1024-29782294.html.

81. 习近平. 习近平主持召开中央财经领导小组第十三次会议强调,坚定不移推进供给侧结构性改革在发展中不断扩大中等收入群体[N]. 人民日报,2016-05-17(1).

82. 习近平. 向国际人工智能与教育大会致贺信[EB/OL].(2019-05-16)[2020-08-14].http://www.xinhuanet.com/politics/leaders/2019-05/16/c_1124502111.htm.

83. 习近平. 在考察贵州省机械工业学校时的谈话[N]. 人民日报,2015-06-19(1).

84. 习近平主持中央全面深化改革领导小组第十九次会议 强调改革要向全面建成小康社会目标聚焦扭住关键精准发力严明责任狠抓落实 李克强刘云山张高丽出席[EB/OL](2015-12-10)[2019-12-21].http://cpc.people.com.cn/n/2015/1210/c64094-27908735.html.

85. 谢彩霞. 国际科学合作研究状况综述[J]. 科研管理,2008(3):179-186.

86. 新华社. 城镇化水平不断提升城市发展阔步前进——新中国成立 70 周年经济社会发展成就系列报告之十七[EB/OL]. (2019-08-15)[2020-07-16]. http://www. stats. gov. cn /tjsj/zxfb/201908/t20190815＿1691416. html.

87. 新华社. 绘就新时代加快推进教育现代化建设教育强国的宏伟蓝图——教育部负责人就《中国教育现代化 2035》和《加快推进教育现代化实施方案（2018—2022）》答记者问[EB/OL]. 2019-02-23. [2020-08-14]. http://www. moe. gov. cn/jyb＿xwfb/s271/201902/t20190223＿370865. html.

88. 新华社. 中办、国办印发《加快推进教育现代化实施方案（2018—2022 年）》[N]. 人民日报,2019-02-24(1).

89. 新华社. 中共中央、国务院印发《中国教育现代化 2035》[N]. 人民日报,2019-02-24(1).

90. 新华网. 习近平会见德国总理默克尔[EB/OL]. (2019-09-06)[2019-12-19]. http://www. 12371. cn/2019/09/06/ARTI1567770567314547. shtml.

91. 新华网. 习近平考察山丹培黎学校[EB/OL]. (2019-08-23)[2019-12-19]. http://www. China. com. cn/education/2019/08/23/content＿75129482. htm.

92. 新华网. 习近平主持召开中央全面深化改革委员会第五次会议[EB/OL]. (2018-11-14)[2019-12-19]. http://www. scopsr. gov. cn/zlzx/sgzhy/201812/t20181228_358886. html.

93. 熊建辉. 擘画教育对外开放新格局[J]. 神州学人,2017(9):42-45.

94. 熊建辉,陈慧荣. 同世界一流资源开展高水平合作办学——改革开放 40 年中外合作办学之路[J]. 神州学人,2019(Z):8-13.

95. 熊建辉. 从跟跑到领跑:40 年中国教育对外开放之路[J]. 神州学

人,2018(6):8-13.

96.熊建辉.高等教育国际化:从学习跟跑迈向并跑领跑[J].中国高等教育,2019(19):7-9.

97.熊建辉,高瑜,王振,等.新时代职业教育国际化发展战略与创新路径思考(下)[J].中国职业技术教育,2019(16):5-16.

98.熊建辉.互容·互鉴·互通——新中国70年教育国际交流与合作之路[J].神州学人,2019(9-10):6-13.

99.熊建辉.面向2035中国教育对外开放方略[J].神州学人,2019(4):10-15.

100.熊建辉.面向2035中国教育对外开放政策要点——新时代职业教育国际化发展战略与创新路径思考(中)[J].中国职业技术教育,2019(16):5-15.

101.熊建辉.我国教育国际化最新进展与宏观形势——新时代职业教育国际化发展战略与创新路径思考(上)[J].中国职业技术教育,2019(12):5-13,38.

102.熊建辉.中外合作办学的发展阶段与展望[N].学习时报,2019-01-18(6).

103.徐华,黄华."一带一路"战略背景下高职教育国际化路径研究[J].江苏高教,2016(4):143-145.

104.徐阳,熊建辉.把握办刊定位兼具国际视野——访汤森路透科技信息服务(北京)有限公司业务总监宁笔[J].世界教育信息,2014(19):52-53.

105.徐阳,熊建辉.中国能否成为下一个学术中心——中国教育学英文期刊发展与教育研究国际化[J].世界教育信息,2014(19):44.

106.徐阳,熊建辉.注重文章质量提升期刊声誉——访《亚太教育研究者》副主编李梅[J].世界教育信息,2014(19):50-51.

107. 徐阳,熊建辉. 走国际化办刊道路,促进研究成果交流——访《中国教育学前沿》主编顾明远、顾问编辑许美德[J]. 世界教育信息,2014(19):45-46,48.

108. 姚计海,王喜雪. 近十年来我国教育研究方法的分析与反思[J]. 教育研究,2013(3):20-24.

109. 姚云,顾明远. 中国教育研究成果国际化的几个问题[J]. 中国教育学刊,2007(3):13-16.

110. 姚云,康瑜. 中国教育科研成果如何走向世界——基于对 SSCI 数据库分析的启示[J]. 比较教育研究,2007(1):43-48.

111. 叶雨婷. 职教未来要实现质量转身[N]. 中国青年报,2019-12-16(6).

112. 殷航. 我国职业教育国际化的系统结构探析[J]. 现代教育管理,2019(4):6.

113. 于富增,王波,朱小玉等. 教育国际交流与合作史[M]. 海口:海南出版社,2001.

114. 袁新涛. "一带一路"建设的国家战略分析[J]. 理论月刊,2014(11):5-9.

115. 张车伟. 中国人口预劳动问题报告(No. 20)——面向更高质量的就业:"十四五"时期中国就业形势分析与展望[M]. 北京:社会科学文献出版社,2019:1-27.

116. 张慧颖. 美国发布新版国家创新战略[EB/OL]. (2017-08-10)[2020-08-14]. http://www. nipso. cn/onews. asp? id=37355.

117. 张静. 联合国大会宣布 1 月 24 日为"国际教育日"[N]. 中国教育报,2018-12-14(5).

118. 张力. 如何理解 2035 年教育现代化目标[N]. 光明日报,2019-03-19(13).

119. 张力. 完善职业技术教育、高等教育、继续教育统筹协调发展机制[N]. 中国教育报,2020-01-16(3).

120. 张力. 展望新时代的中国教育现代化[Z]. 2017 年亚洲教育论坛,2017-10-28.

121. 张民选. 经济利益:发达国家在高等教育国际化中的一大收获[J]. 教育发展研究,1999(11):63-65.

122. 张媛媛,关晶. 改革开放 40 年我国职业教育中外合作办学的回顾与展望[J]. 当代职业教育,2018(6):11-17.

123. 张蕴岭. 人民要论:在大变局中把握发展趋势[N]. 人民日报,2019-03-15(6).

124. 中国网. 中华人民共和国中外合作办学条例[EB/OL]. (2003-03-01)[2019-12-19]. http://www. China. com. cn/Chinese/EDU-c/298520. htm.

125. 中国政府网. 国务院办公厅关于深化产教融合的若干意见[EB/OL]. (2017-12-05)[2019-12-19]. http://www. gov. cn/zhengce/content/2017-12/19/content_5248564. htm.

126. 中国政府网. 国务院关于大力推进职业教育改革与发展的决定[EB/OL]. (2002-08-24)[2019-12-19]. http://www. gov. cn/govweb/gongbao/content /2002/content_61755. htm.

127. 中国政府网. 国务院关于加快发展现代职业教育的决定[EB/OL]. (2014-05-02)[2019-12-19]. http://www. gov. cn/zhengce/content/2014-06/22/content_8901. htm.

128. 中国政府网. 国务院关于印发国家职业教育改革实施方案的通知[EB/OL]. (2019-01-24)[2019-12-19]. http://www. gov. cn/zhengce/content/2019-02/13/content_5365341. htm.

129. 中国政府网. 中华人民共和国教育法[EB/OL]. (1995-03-18)

［2019-12-19］. http://www. gov. cn/banshi/2005-05/25/content _ 918. htm.

130. 中国政府网. 中华人民共和国职业教育法［EB/OL］.（1996-05-15）［2019-12-19］. http://www. gov. cn/banshi/2005-05/25/content _ 928. htm.

131. 中华人民共和国教育部.《国家教育事业发展"十三五"规划》学习辅导读本［M］. 北京:教育科学出版社,2017.

132. 中华人民共和国教育部. 中华人民共和国教育大事记（1949—1982)［Z］. 北京:教育科学出版社,1984.

133. 周光礼,武建鑫. 什么是学术评价的全球标准——基于四个全球大学排行榜的实证分析［J］. 中国高教研究,2016(4):51-56.

图书在版编目(CIP)数据

开放：教育强国的战略支撑 / 熊建辉著. —杭州：
浙江大学出版社，2021.6
（中国经济转型与创新发展丛书 / 迟福林主编）
ISBN 978-7-308-21643-2

Ⅰ.①开… Ⅱ.①熊… Ⅲ.①教育事业－研究－中国
Ⅳ.①G52

中国版本图书馆 CIP 数据核字(2021)第 156596 号

开放:教育强国的战略支撑
熊建辉 著

总 编 辑	袁亚春	
策 划	张 琛　吴伟伟　陈佩钰	
责任编辑	吴伟伟　马一萍	
责任校对	许艺涛	
封面设计	雷建军	
出版发行	浙江大学出版社	
	（杭州市天目山路 148 号　邮政编码 310007）	
	（网址:http://www.zjupress.com）	
排 版	浙江时代出版服务有限公司	
印 刷	浙江省邮电印刷股份有限公司	
开 本	710mm×1000mm　1/16	
印 张	14	
字 数	188 千	
版 印 次	2021 年 6 月第 1 版　2021 年 6 月第 1 次印刷	
书 号	ISBN 978-7-308-21643-2	
定 价	68.00 元	